书法家

罗钟

厦门文学艺术人物系列专辑
厦门市文学艺术界联合会 编

中国文史出版社

图书在版编目（ＣＩＰ）数据

书法家罗钟 / 厦门市文学艺术界联合会编. -- 北京：
中国文史出版社，2023.5
　（厦门文学艺术人物系列专辑）
　ISBN 978-7-5205-3885-5

　Ⅰ．①书… Ⅱ．①厦… Ⅲ．①罗钟－事迹 Ⅳ．
①K825.78

中国版本图书馆CIP数据核字(2022)第199978号

责任编辑：刘华夏

小传撰稿：朱鹭琦

出版发行：**中国文史出版社**

社　　　址：北京市海淀区西八里庄路69号院　　邮编：100142

电　　　话：010 — 81136606　81136602　81136603　81136605（发行部）

传　　　真：010 — 81136655

印　　　装：廊坊市海涛印刷有限公司

经　　　销：全国新华书店

开　　　本：787mm×1092mm　1/16

印　　　张：11.5

字　　　数：163 千字

版　　　次：2023年6月北京第1版

印　　　次：2023年6月第1次印刷

定　　　价：90.00元

总序

素有"海上花园"称誉的厦门四季如春，人文荟萃。

新中国成立以来，尤其是建设经济特区以来，厦门市委、市政府一手抓经济建设，一手抓文化建设，全市文艺事业生机勃勃、硕果累累，文学、戏剧、电影、电视、音乐、舞蹈、美术、摄影、书法、曲艺及民间文艺等领域，呈现出繁花似锦、姹紫嫣红的生动局面，涌现出许多优秀作家、艺术家。这些文艺界代表人物对厦门的文艺事业做出过积极贡献，产生过积极影响，为厦门文化建设注入了丰富的内涵，是不可多得的文化资源和精神财富。

为了进一步贯彻落实党的文艺方针政策，传承与发展厦门市文艺事业，推动厦门文化大发展大繁荣，厦门市文联决定编辑出版《厦门文学艺术人物系列专辑》，以音像和图文记录的方式，生动再现厦门文艺界代表人物的亮丽风采，总结他们毕生从事文艺创作的宝贵经验。

我们希望，这套系列专辑的出版发行，能让更多的人近距离、多视角地了解厦门文艺事业的发展，更亲切地感受厦门文艺界人物的无私奉献和辛勤努力。

我们相信，先人匠心独运的艺术创造将成为后人的精神资源，前辈攀登的高峰将成为后辈接力前行的起点。

江山代有才人出，我们正经历着一个伟大的时代，而伟大的时代又必然催生伟大的文学艺术作品和优秀的作家、艺术家。一切有理想有抱负的文艺工作者，都要担起时代赋予的神圣使命，更加自觉、更加主动地追求德艺双馨，更好地履行人类灵魂工程师的神圣职责，积极投身于高质量的厦门建设，努力创作出无愧于我们这个朝气蓬勃时代的精品力作。

《厦门文学艺术人物系列专辑》编委会

目录

第一辑 小传

　　罗钟，号云烟居主，1944年10月出生于厦门，籍贯福建省连城县，民盟盟员，中国书法家协会会员、中华诗词学会会员、中国楹联书法艺术委员会委员、厦门市书法家协会顾问、厦门市政协书画院顾问、厦门市人大书画院顾问、厦门市民盟书画院顾问、厦门市张晓寒美术院顾问、厦门市楹联学会顾问、厦门市老年书画研究会顾问。

壹

1944年10月的一天，福建厦门，大同路216号。

随着一声清亮的啼哭，一个男婴呱呱坠地，来自福建连城客家的罗氏大家庭忙得不亦乐乎。罗家虽然已经有一个女孩、两个男孩，但是作为素来信奉多子多福的传统中国家庭，一家老小正充满喜悦地迎接这个可爱的小生命。按辈分，这孩子是秀字辈，罗家将男婴取名"钟"，寓意融俊杰和优秀为一体。识字后，罗钟将"秀"字去掉，全名罗钟。有趣的是，罗钟在自我介绍时，经常反复强调"钟"为"金重钟"，而不是"金童钟"，对于将他的名字误写为后者的行为频频摇头，颇为无奈。

罗钟出生的时候，家业正值昌盛之际，父亲罗逸华和大伯父罗丹[①]共同经营的风行印刷社办得红红火火。

提起风行印刷社，上了年纪的老厦门人都知道，它是印刷界的龙头，也是厦门企业界的翘楚，主要经营杂志、报纸、图书、广告印刷业务。印刷社还从上海引进了厦门第一台彩色印刷机。

伯父罗丹，早在20世纪30年代，就是厦门人耳熟能详的文化名家。

罗丹与罗逸华两兄弟的父亲（罗钟的祖父）原本是一个做买卖的小商贩，世居于龙岩连城。罗丹为长子，因家境贫寒，仅仅读了3年私塾和1年高小便辍学，14岁开始在龙岩、漳州地区当学徒和写字工人。罗丹聪明伶俐，好学爱钻研，吃苦耐劳，一边读书一边创业，很快成就了一番事业。1930年，年仅26岁的罗丹来到厦门开办风行印刷社，其弟罗逸华

---

① 罗丹（1904年9月—1983年3月），原名桂秋，字稚华，号慧印居士，著名书法家，曾任中国书法家协会理事、厦门市文联顾问、厦门市书法家协会名誉顾问，并任厦门市政协一至五届委员、厦门工商联秘书长。其字体面貌独具，人称"罗丹体"，有《罗丹书法艺术》等书法字帖行世。

▲ 罗丹、罗逸华两兄弟全家于厦门中山公园合影（一排右二：罗钟）

紧随其后而来，帮助长兄经营印刷社。罗家兄弟在厦门事业昌盛，生活安宁，其乐融融。

　　罗丹才华横溢，正是春风得意之时。主业经营印刷，生意风生水起；擅长书法，精通山水，在佛学、古典诗词、文史知识等方面亦有极高造诣；为人性格豪迈洒脱、热情大方、乐善好施。他与虞愚、蔡吉堂、黄秋生皈依太虚法师，同为佛门居士，属"慧"字辈。他的朋友圈里几乎多是闽人中的精英人士。

　　小男童罗钟生得面目清秀，前额宽大，浓眉大眼，显得很有生气，让人一看就知道是一个聪明的孩子。他从小就好问好学，每当遇到新鲜稀奇事儿，他都去琢磨。2岁半时，长辈将他过继给伯父罗丹为子，后随伯父母到福州，居住在他们购置的三坊七巷的官禄坊，并在福州上幼儿园。福州三坊七巷的青石板路，留下了这个小小孩童轻轻碎碎的脚步和探寻身边世界的目光。

1949年，还不满5岁的罗钟随伯父母回到厦门，住在大同路风行印刷社的另一处住所。此时家里多了3个弟弟，尽管有7个兄弟姐妹，但罗家的孩子生活条件甚为优越，和街坊邻居的小朋友比起来，吃穿皆是上品，手上经常有别的小朋友罕见的玩具，每天还是工人用人力黄包车接送往返于竹树脚幼儿园。罗丹夫妇是京剧票友，经常去参加京剧节目表演，或是参加厦门市工商联周末联欢会，多数都带罗钟随行，罗钟则自行其乐，或观看魔术表演，或到棋牌室下棋，他最爱观看的是音乐表演，对音乐的兴趣同书法一样伴随至今。

罗钟的父亲善于经营，亦写得一手好字。母亲李美琼虽然只是农村妇女，却能识字读报写信，丈夫专于事业，她在家操持家务，抚育7个孩子，与街坊邻居笑脸往来，是中国传统家庭中典型的贤妻良母。

小小的罗钟在这样和谐美满的家庭氛围中无忧无虑地度过了他的童年时代。

1950年，6岁的罗钟就读位于思明东路的雅化小学（后改名为思明小学）。雅化小学是一所私立学校，校长酷爱书法，作品曾在全市校长书法作品比赛中获第一名，因此对书法很重视，从一年级到六年级都有安排书法课，而且课时安排比重较大，早自修也要练书法，学校还聘请高水平的书法家来担任书法教师。这使得罗钟如鱼得水。

其实，早在其他同龄孩子还盯着陀螺、铁圈

▲ 1947年，罗钟与伯母在福州合影

▲ 罗钟父母合影

玩耍的时候，罗钟那清澈的目光已经停留在伯父罗丹案头的毛笔和墨汁上。这个黑白世界怎么那么神奇，白色的宣纸上晕开的线条，或粗或细，或直或弯，能够让伯父和他的朋友们津津乐道一整天。罗钟也许没有意识到，此时他的心田已经不知不觉地种下了书法的种子。平时，他常随伯父出入裱褙、文物门店，或探访文人墨客，观赏名家书画，鉴赏古玩古物。他时常饶有兴趣地旁听伯父与友人探讨艺术，看他们各抒己见，有时候为了一个观点争得面红耳赤。

因为对书法情有独钟，罗钟特别爱上书法课。一年级时学习正楷描红，一笔一画，从不马虎，别人写一张，他常常会多写一张，作业总是能得到老师的好评，自然也收获了同学的赞许目光，幼小的心灵里自豪感倍增，书法练得越发勤奋。到了四五年级，他的字已经有了成年人笔迹的模样，经常帮老师代笔，抄写同学的学期鉴定，还时常为学校、班级出黑板报，黑板报的内容、设计到书写，有时还包括插图，都是他一人包办，因而在学校小有名气。

看到罗钟喜爱书法，伯父自然欣喜万分，并寄予厚望。有一次，伯父对他说："你的兄弟姐妹都不爱写字，只有你喜欢书法，我就把书法传授给你了。"

其实，罗钟的其他科目成绩也十分优秀。学习对他来说，似乎是件很轻松的事，他记忆力好，理解力强，脑子转得快，一年级的期末考试就拿了第一，伯父罗丹将一支在当时还比较稀罕的派克钢笔奖励给他。此后，他考试常常名列前茅。他的作文写得很好，被学校选拔作为学生代表与抗美援朝志愿军战士通信，行文流畅、字迹娟秀，得到志愿军战士的回信夸奖并互相交换了照片。

除了学习外，小小少年还热爱音乐、舞蹈，是学校的艺术骨干。此外，他和大部分男孩子一样，对各种运动乐此不疲，能够在单双杠上荡摆空翻，也能够撑竿轻盈跃身，而通过练哑铃增强肌肉力量的习惯他一直坚持到现在。20世纪50年代，厦门足球运动盛行，享誉全国，在东南亚一带也名气颇盛，罗钟和同学们下课后带着球在大大小小的巷子里往来穿梭。

那个年代，自行车并不多见，不过幸运的是，他家里就拥有一辆自行车，虽然多数时间是父母、哥哥姐姐们在使用，但小罗钟几次下来也学会了，小学毕业时，他大着胆子去自行车店租了辆自行车，居然骑行十四五公里，到集美去看演出。

1956年，罗钟在厦门双十中学就读初中。正值舞勺之年，他什么都想试一试，除了苦练书法之外，他保持着对唱歌、跳舞的浓厚兴趣。在这所思想进步、尊重传统、治学严谨的学校里，罗钟度过了4年的快乐时光（初二因病休学一年）。这段时间，他还迷上了阅读，经常去书店租书看，几乎以两三天一本的速度完成了《水浒传》《三国演义》《红楼梦》《安娜·卡列尼娜》《战争与和平》《基度山恩仇记》《茶花女》等古今中外名著的阅读，他尤其喜欢莎士比亚的四大悲喜剧。阅读让他开阔了视野，了解了与周遭不同的多彩世界，也因此给予他更多的心灵滋养。在家养病期间，受精通俄语的姐夫影响，他报名参加中苏友协举办的俄语学习班，能说一些简单的句子。厦门双十中学的4年时间，既培养了罗钟独立学习、思考的能力，也增强了他的自信心和与人交往合作的能力。这使他日后无论身处什么环境，都能保持那份清雅和高洁。

这一年，罗家也发生了重大变故。风行印刷社响应国家公私合营的号召，与其他印刷厂合并后改名为厦门印刷厂，罗丹任副厂长，一度发展为福建省轻工厅和厦门市的重点企业，随着业务的扩展，不久后分为第一和第二印刷厂，罗丹任第一印刷厂副厂长。

▲ 罗丹夫妇在鼓浪屿合影

贰

▲ 1963年，罗钟19岁留影

1960年，罗钟考上位于鼓浪屿的厦门卫生学校医士科（四年制）。

他的成绩很好，继续上高中再报考大学，也不是什么难事，但是考虑到家庭成分，亦考虑到自己本身体质较弱，在当护士的姐姐和当军医的姐夫的鼓励下，罗钟选择了学医。

罗钟深知，医术是人命关天的事，因此，从踏进卫校学习的那一天开始，他就立志于努力钻研医学知识，掌握治病救人的本领。他天性聪明，长于思考，又做事敏捷。他担任班级学习委员，笔记本上总是内容完整，字又漂亮，让人赏心悦目，经常被同学们传抄。面对博大精深的医学知识，他刻苦地死记硬背，人体结构、药品药名，一个一个做上标记，反复背诵，遇到不懂的，就去图书馆查阅资料或者请教老师。医学实践时，他紧紧跟随在老师左右，认真观察，勤问勤学，主动给自己找动手的机会。记得第一次给自己做指尖采血时，他看到那涌上来的红色液体，居然晕厥了，此前他根本不知道自己有晕血的毛病。怎么办？罗钟只能克服加锻炼，咬紧牙关，一次两次三次地采血，终于克服了这个心理障碍。日后看到各种严重的创伤时，他都能镇定自若、行云流水地消毒、剔除腐肉、缝合。写毛笔字和握手术刀似乎有异曲同工之处，同样是长长的工具，都需要妙用手的力量，更需要在下笔或下刀前弄清其中究竟。当老师让他在同学们面前进行学习经验介绍时，罗钟说，其实只有一条，那就是认真，凡遇事情总要知其然并知其所以然。

罗钟不仅学习优秀，而且能歌善舞，多才多艺，是学校的文艺骨干。他常常在课间和印尼侨生在教室进行二重唱，学校有文艺演出时，他非常活跃，显示出多方面的才华，无论是独唱，还是小组唱，无论是表演印尼舞，还是弹吉他或者拉小提琴，他样样都能拿得上台面。

与此同时，他那颗童年就浸润在血液里的书法种子正在抽枝拔叶，以难以抵挡的速度生长着。也许是因为不能天天回家，有着大把的课余时间需要消磨，又或者是每周回家时，在福河街17号伯父家，急切地想听懂伯父和李禧、虞愚、高怀、林英仪、张人希等书法前辈的交流内容，他开始进行系统、正规的练习，先临帖，以柳公权为主，兼学赵孟頫，也临写罗丹体。

在厦门卫校，罗钟抓住一切可以利用的时间临帖，有时候甚至是课间短短的几分钟。周末，他常常带着一叠字纸回家，让伯父批改。

有段时间，他特别"迷"赵孟頫，临摹《胆巴碑》《玄妙观重修三门记》《仇锷墓碑铭》。为什么会学赵孟頫？一个原因是，罗钟的舅舅钟情于"赵体"，大力推崇；另一个原因是赵体的确优美潇洒、清俊遒媚，煞是好看，青年学子心中尚有几分浪漫天性，故反复习之。他的楷书字迹端庄严谨又不失秀美婀娜，笔画映带牵连，结构也温润光泽，在同龄人中已属上乘。

然而，伯父却不以为然，有一天对他说："你还是改临颜真卿《东方朔画赞》或《颜氏家庙碑》吧，也可同时习隶书。赵字太过漂亮、流利，难免沾惹浮滑之气，缺乏气骨沉着之质。我就吃过他（赵孟頫）的亏，你莫要重蹈覆辙。"

罗钟应诺，虽然小时也临过颜柳，但体会不深，通过这次探究，仿佛被电流触击一般，顿时被颜体的雄浑、开阔之势震撼，就此浸淫其中，心摹手追，日夜临习，一发不可收。

就像学医时重严谨求精之精神一样，罗钟学书亦然。他研习颜体，对点画的使转运行，字体结构和章法布局，犹如分析和解剖人体结构一般，把自己临写的与碑帖的一点一画对照，一笔一笔地练，虽然不能一模一样，但都力求接近它并吸收它的精神实质，每一点一笔都要有其真形，有时每个字要连续临摹几十遍，直写到神形能尽量合度为止。

与此同时，他开始学习隶书。起初临摹的是伯父罗丹的隶书字帖。那时候，社会上研习"罗丹体"盛行，因为罗丹为不少商家、知名品牌题写，如为厦门味精、厦门老酒、新南轩、鼓浪屿馅饼等老字号题写品名、说明书，于是许多书法爱好者把这些字当作字帖来临摹。可是，罗丹却不让罗钟临摹他的字体，更准确地说，罗丹从不要求学生写他的字体，他常说："齐白石老人说，似我者死。你们不要学我，要向古人学习，以古为师。"他总是强调，书法学习要从前人碑帖入手，从而形成自己的风格追求。

伯父对罗钟说："我的字体以颜真卿为骨架，参以大小篆、汉隶及北碑笔法而成，而你目前只初识颜体，未曾学习隶书和魏书，想学也学不好的，待以后各种碑帖都临摹并掌握了再说吧。"

在伯父的建议下，罗钟从汉代名碑《张迁》入手。有时他会对着字帖的某一页目不转睛地盯着，一点一点领会字的线条和间架结构的伸缩开合；有时他会对自己喜欢的某一个字反复临摹，从实临到背临；有时他会停笔，回味着伯父和他的书友们的某一句话，反复咀嚼。他最开心的是周末回家时，拿着习作找伯父面批，伯父会用红色颜料批改，在佳笔之处画上圈圈，以示肯定，对于败笔，伯父往往是示范书写一遍，并详细说明。罗钟在伯父的指导下进步飞快。

根据自己亲身习楷、隶书的实践，罗钟形成了自己的习书观，即书法入门从隶书着手。

他认为，学书有两种途径：一种是从源流学起，顺流而下，根据字体的演变顺序从前到后慢慢学，即从篆书到隶书到草书到正楷；还有一种由下而上，即从楷书开始，再行草隶篆，一般人都认为没有楷书的基础写不好行书。

　　但罗钟却独辟蹊径，与众不同。他认为，从隶书入门更好，因为隶书的诞生正逢文字变革之时，汉字从古文字变成新体，从难识别到易识别、可识别，这是汉字的一个大飞跃。如果习书从篆书入手，不容易识别，入门比较难，字体较复杂，就难以引起人们的学书兴趣。隶书可识度比较强，笔画比较简单，入门较快，容易提高兴趣，特别是它的可塑性比较大，笔画容错性比较强。对比楷书而言，楷书的笔画若一笔写不好，这个字就站不住了。在一幅楷书作品里面，如果一个字没写好，就特别明显，作品就很难看，因此，楷书对笔画的要求比较苛刻、严谨，不容易把握。隶书的笔画可长可短，一个字写不好，对整幅作品的影响不像楷书那么大，且形成作品比较快，可以提高学书者的兴趣，可以让人坚持下去，同时，隶书打好基础后，上学篆书，下习草、行、楷书都比较容易上手。因此，罗钟提倡初学者可从隶书入门。

▲ 上左：罗钟在厦门市人大书画院现场创作
　上右：2010年，罗钟在中国军事博物馆举办的百名将军书画笔会上挥毫
　下左：罗钟在新加坡书赠世界华文文学学会名誉顾问、北京师范大学名誉教授周颖南先生
　下右：2009年，丁香笔会上，罗钟（中）为书友书写书作，并与北京西城区书法家协会副主席杨蔼昌（左）、纪大年（右）合影

叁

　　1963年，罗钟被分配到永安县铁路医院实习。实习生一般都要在内科、外科、妇科、儿科、化验科、X光室轮转一遍。每到一个科室，罗钟都要了解该科室接触的临床常见病的诊断、治疗和预后。他勤学好问，跟着老师学看病，看如何检查病人、如何给病人诊断、如何制订治疗方案、如何分析病人的治疗结果……晚上一个人的时候，他就回忆白天所见的每一个病例，没想明白的，第二天继续问老师。

　　罗钟在外科实习时，有一段时间，外科主任看到这个小伙子经常一个人坐在那里练习缝合、绑线头，于是对这个不到20岁的小伙子上了心，几次观察和考验后，发现他心细手巧、胆子大，决定要考验一下。有一次，外科科室要进行一个阑尾炎手术，主任决定让罗钟主刀。罗钟吓了一跳，实习期间是以学习和观摩为主，能够做助手已经很不错了，要知道同一批进医院的上海铁道医学院的本科毕业生也只是跟在一旁学习，他这个只是中专学历的实习生居然要被委派主刀的任务，确实让罗钟深感责任重大。外科主任鼓励他："你行，我当你的助手，试试看。"

　　罗钟紧张了一会儿，也就镇定下来了。说实话，阑尾炎的手术程序已经深深地印在他的脑海里了，切开皮肤和皮下组织，依次打开，顺着腹膜找到阑尾、固定、切除、结扎、缝合……每个步骤他闭着眼都一清二楚，他有自信虽然第一次主刀，但是一定能做得成功。

　　在妇产科实习时，主任检查、治疗或手术时，总喜欢叫上聪明好学、动手能力强的罗钟搭把手，罗钟也不负众望，每次都完成得很好，先后为20多个产妇顺利完成接生，并多次做避孕放环手术。在这里，罗钟展现了他吃苦耐劳的一面，有的初产妇产程长达一天，医生要守在产妇身边，一站就是几个小时，个中辛苦别人难以体会。

　　1964年夏，罗钟中专毕业，被分配到永安县贡川镇卫生院。离开厦门前夕，伯父罗丹为了祝贺他参加工作，特地叮嘱太太带罗钟去厦门信托公

▲ 1964年，罗钟（左三）毕业离开厦门前与小学同学在鼓浪屿合影

司，花140元买了一块瑞士名牌"山度士"手表送给他，这块表罗钟至今仍珍藏着。

贡川镇是个风景秀丽、有文化底蕴、人才辈出的地方，追溯其历史，更悠久于永安，镇内还有保存完好的明城墙。鹰厦铁路在贡川有停靠站，交通还算便利，但对于才离开温暖舒适的家的罗钟来说，陌生的环境让他有点迷茫和慌乱，饮食、天气，还有卫生、语言等生活和工作的困难需要他一一克服。很长一段时间里，罗钟都有即刻逃离，回到厦门的冲动。

贡川卫生院虽然有10多个医务人员，但是对近万人口的百姓而言，所有医生基本上都成为全科医生。在贡川镇卫生院，罗钟以内科和小儿科为主。

罗钟一如既往地勤学好问，向前辈学，向同行学。那时的检查设备还比较落后，很多诊断都要靠以往病史分析和物理检查。病人如果是婴幼儿，再加上父母亲是农民，描述症状不甚清晰，儿童病症又变化快，这最是考验医生的时候，但是也是锻炼和成长最快的。

卫生院的医生平常以坐诊为主，遇到紧急情况，就要出诊。有时，罗钟刚下班回到宿舍做饭，备好菜准备下锅，一听到有人叫出诊，马上就得封了炉灶，药箱一背，就出了卫生院，更别说吃两口饭了。冬天的夜里，他在暖被窝里睡得正香，突然听到屋外狗叫，心里会一惊，怕又要出诊了吧。果真，几分钟后，敲门声响起，于是他就要起床，出诊。

永安地区山路多且崎岖，遇到近一点的，七八里、十几里路，一两个小时就能到达，而远一点的三四十里路，则要走上四五个小时。如果遇上平路，算是好运气，如果运气不佳，就得翻越海拔1000多米的山，赶几十公里的山路。患者家属着急，只顾低着头，脚不停歇地前边领路，医生只得在后面上气不接下气地紧紧跟着。有时从下午艳阳高照走到伸手不见五指的深夜，只有农民日常用的一盏马灯豆大的亮光，伴随着走路的喘息在蜿蜒的小道上一荡一漾地摇晃。遇到马灯被风吹灭了，罗钟只好和农民手牵着手，一脚深一脚浅地摸索前行，一两里要走上大半个小时。到了下雪天，他厚厚的棉袄下贴身衣服已经湿透了，凛冽的山风吹来，瑟缩着脖子依然要顶风而行。

一到患者家，医生水顾不上喝一口就开始诊疗。如若碰到复杂的病症，除吃药打针之外，还要输液观察，那他就一宿不能就寝。遇到轻症病人，治疗后他虽然可以上床休息，但农民家又硬又冷的被窝以及睡榻上的跳蚤、墙角的蜘蛛丝和耳边窸窸窣窣的老鼠声，都让这个从小在窗明几净环境里长大的小伙子难以入眠。冬天很冷，罗钟只能蜷着身子，把所有能保暖的东西都盖上，在半梦半醒中熬过漫漫寒夜。也就是从那以后，罗钟开始睡觉不踏实，因此落下了失眠的病根，至今未除。

令人欣慰的是，农民家虽然艰苦，但是他们善良、质朴、尊重医生，总是想方设法把自己家里最好的东西拿出来招待，有时甚至杀鸡宰鸭、献酒。当然，那时候风气好，不论提供的餐食好坏，医生每餐饭都要付3两粮票和1毛钱给农民，这是医院的规定。

出诊后，医生通常都会到周边大队进行巡回医疗。巡回医疗一方面是为了解决边远地方群众看病难的问题，减轻老百姓医疗费用和外出看病的负担，同时也能进行防病普及宣传，每到一处都深受老百姓的欢迎。巡回医疗有时候一走就是一两星期。罗钟经常下乡出诊，虽然辛苦，却因此练就了一双好脚力，直到近80岁高龄，罗钟还能跳国标舞。最让这个城里小伙子发怵的是每个村口狂吠的群狗，更加令他印象深刻的是，离贡川只有十来里路的岩下大队，不知什么原因养了五只大老虎，平常就在村里溜达，村民们习以为常，就是小孩童也蹒跚着在它们身边走来走去，但是外来人却吓得大气不敢喘一下，走慢了，怕被老虎叼走；走太快，怕老虎追。每次要到这个大队，他们都要吓出一身汗。

有一次，罗钟到离贡川20多里的地方出诊，有户人家听说卫生院的医生来了，赶快跑来叫罗钟上他们家。原来是这家的儿媳妇头胎临产，时间很长还生不出来，村里的接生婆都束手无策。尽管罗钟再三申明自己不是妇产科的医生，但是产妇家属还是恳求罗钟能够去看看。面对病人家属焦急的神情，罗钟还是去了，他原来在妇产科实习的医学基础派上了用场，很顺利地协助产妇完成了生产。产妇和家属都很高兴，每次到贡川赶集，都会带着东西到卫生院来看罗钟，有时还把孩子带过来，让孩子来见见这位恩人。

为医者很辛苦，且责任重大，但是能用自己的医术去救助病人，为病人解除病痛，甚至挽救他们的生命，是一件多么崇高而伟大的事！看到那些被治愈的病人眼中流露出由衷的感激，罗钟都会感到十分欣慰，远离家乡的艰苦也淡了许多。

看病以外的日子，不免有些寂寞和单调，这个时候，他的书法爱好就派上了用场。多少个失眠的夜晚，都是笔墨相伴到天亮，虽然疲惫，但是心情很愉悦，他每写完一张，就标注日期，寄回厦门，让伯父修改。伯父总是很认真，有时候字上只有寥寥几笔勾画，有时候洋洋洒洒几页信纸，不仅写下修改建议、感受，甚至还会聊聊厦门文艺界的事情。这都让他如获至宝，他盯着那些红色的勾勾画画，反复比较，认真思考，思考伯父为什么对这个点画的使转运行要这么处理。他经常在睡前把伯父的信函拿出来，抽上一段再读几遍，咀嚼其中含义，如果还不懂，下次再写信请教。

伯父每次回信都让他欢欣雀跃，给了他无限的动力，当然也有压力，他只能在下次的时候写得更好，以不负伯父的教导。这个时候，他的内心是充实的。

罗钟抓住可以利用的一切空闲时间学书法，出诊箱里固定放着一本字帖，出诊时就地取材，一块红砖、一碗泥水或是一根树枝，都可以是空余习书的工具。

业余时间，除了练习书法之外，罗钟还一直保持对音乐的兴趣，茶余饭后时常拿出从厦门带来的小提琴、吉他，自弹自唱，自娱自乐。书法、音乐是他在异地他乡最好的陪伴。

"文革"开始后，因为要刷标语、写语录、出专栏，罗钟经常被派出去写字。美术字不像书法那样可以任意发挥，而是必须写得规规矩矩，可是因为要写在墙壁上、门框旁，字须写得很大，这对于罗钟掌握书法的间架、构造有很大的帮助，也为他将来书写榜书打下了很好的基础。由于有坚实的书法基础和运笔的能力，他的美术字总是与众不同，给人一种更有征服力的气势。

明末清初书法家倪后瞻谈论著名书法家王铎作书，称其"一日临帖，一日应请索"。言下之意，临帖是为了创作，创作必有所本。

伯父也是这样要求罗钟的。罗丹个人十分重视临帖，他一生也收藏了很多字帖。可以毫不夸张地说，他把生平所能见到的好的字帖都通临了一遍。那时候字帖很匮乏，罗丹因为和国内艺术家交往甚广，有机会接触到各类珍贵，甚至是孤本的碑帖册牍，每看到一本字帖他都如获至宝，能买下的毫不犹豫，不能买的，他就千方百计先借回家，连夜双钩起来。"文革"期间，受他的影响，许多书法爱好者都参与双钩碑帖的活动，即用刻钢板双钩后，再装订成册，互助交流，一定程度上解决了当时碑帖匮乏的难题，也推动了厦门书法艺术的发展。罗丹钩帖很认真，就是一些有残缺破损的，也一点一点地钩出来，几乎还原了字帖的原状。在勾画的过程中，他对碑刻感更有独到的体会。他认为，双钩一遍比临摹几十遍收获更大。

他对罗钟说，写隶书就要学汉碑，汉碑有几百种，你先深入学习一种后，再来谈及其他。彼时，罗丹体颇负盛名，但是罗丹还是强调学书没有捷径，只有临摹，如果不临摹，学书就是无源之水、无本之木，是空中楼阁。1969年，在与罗钟的通信中，罗丹以自己临摹《爨宝子碑》和《爨龙颜碑》的体会及从中得到的启发教导罗钟："每一艺术都要深深地钻进去，重视它，狠狠地抓住它，一点都不能放松，总要悟出其中道理，把它化作我们本身的东西，能方能圆，能放能收，能大能小，一句话，要活学活用，要掌握古人的真髓，先求形似，后求神似（所谓神似，就是看上去不大像，仔细体察下来，觉得一点一画都得前人真髓），要学一点用一点——先学一两遍全帖，然后用它的笔意写另外的文字，写后拿来对照一下，看得到的是哪些，还有距离的是哪些。这里要注意，得到的牢牢抓住它，不得使它溜掉，没有得到的继续捕捉它，把它融化在自己的血液中。这样的学习，进步很快，抓得也牢，不易溜掉。以上是我对模仿碑帖去杂存精的经验，你体其味试行之。"

遵罗丹所言，罗钟一头扎进碑帖世界中，他对隶书的临习由《张迁碑》延伸到《曹全》《乙瑛》《石门颂》……大量经典碑帖所蕴含的技法和内涵，一点一点地丰富着罗钟，使他逐渐地积累了走上书法之路所必需的"内功"。

▲ 罗钟24岁时留影

　　当时市面上的字帖稀缺匮乏，为了帮助罗钟学书法，罗丹将自己珍藏已久的3套法帖送给他。一套是出版于民国22年（1933）的伊秉绶作品集《默盦集锦》，它是罗丹早年精研的书法范本，曾随罗丹远渡新加坡，回国后又辗转于厦门、永安和福州，罗丹于1950年在这部集子上题记"曾经沧海"；第二套是《三希堂法帖》晚清印本，全套36册，由罗丹亲自装订并题写书名；第三套是《宋淳化阁帖（游相本）》，商务印书馆于民国15年（1926）再版，共10册，每册封面有罗丹印章。为了帮助罗钟学汉隶，罗丹还将自己手摹的《张迁碑》双钩本送给他。双钩本的扉页由南社宿将、南社闽籍社长朱剑芒题写，并作跋文，由永安长风报社印刷出版，封面有罗丹手写的"罗丹自存　不许外借"八个字，可见罗丹对它的重视程度。

▲ 1.《罗钟作品集》
　2.《华夏艺术》出版《全国实力派艺术家罗钟书法专刊》
　3.《罗钟书法集》
　4.《美术家》出版《中国书法20家提名人物——罗钟作品集》
　5.《美术家》封面人物

肆

"关关雎鸠，在河之洲，窈窕淑女，君子好逑。"《诗经》开篇的这首《关雎》记载的这个动人故事，从来都是少男少女们向往的爱情。罗钟和妻子郭曼莉，从小青梅竹马，后来在父母之命媒妁之言中定下终身，从此一生相伴，扶持前行，也演绎了一段白头偕老、忠贞不渝的爱情故事。

罗、郭两家是闽西老乡。新中国成立前，郭曼莉的父辈由龙岩来厦门开办、经营百货店，也居住在大同路。因为同乡，两家来往自然比其他邻居亲近些。罗钟上小学六年级时，学校为了安全，开展一项高年级学生带低年级学生上下学的互助活动，刚巧郭曼莉的姐姐也在雅化小学就读一年级，学校就安排罗钟去带着郭曼莉姐姐上学、放学，而比姐姐小2岁的郭曼莉，当时还只是个白白净净、扑闪着一双明亮眼睛的读幼儿园的小姑娘。

▲ 罗钟与妻子郭曼莉于国标舞表演前合影

郭曼莉的母亲很喜欢这个彬彬有礼、机灵活泼的小男孩，经常邀请罗钟到家里玩。又过了几年，郭家搬到罗家楼下，每天在一个大门进进出出，低头不见抬头见，两家更为亲近了。

待孩子们都到了情窦初开的年龄时，郭曼莉已经长成了亭亭玉立的大姑娘了，她相貌姣美，肌肤如玉，言行举止端庄娴雅。她还参加厦门鲁迅乐团，能歌善舞，是个文艺积极分子。

罗钟每每周末回家，就更加留意到这个清秀的身影。他也有一副好歌喉，经常在楼上一曲接一曲地唱，歌声自然吸引了郭曼莉的注意，于是两人经常在一起弹琴唱歌，一来二往，好感倍增。

1969年，知识青年上山下乡运动开始了。郭曼莉是上山下乡的对象，两家家长一商量，就为两人定下亲事，郭曼莉便以未婚妻的身份申请到永安贡川插队。郭曼莉到贡川后，一直在大队的医疗室工作，农忙时也要下田干农活。她性格温和、处事大方，是个人人喜欢的厦门姑娘。

1970年，罗钟终于迎娶了自己心爱的姑娘。从这一天起，他们携手相伴，共同承担生命中的欢欣与坎坷。有趣的是，两个心思浪漫的年轻人，在新婚时，到上海、苏州、杭州玩了好几天，当作旅行结婚，这在当时也算是颇为新潮的做法了。

1971年，因为儿子罗岚出生，罗钟的经济比较拮据，伯父时常牵挂着他们，总会想办法寄一些糖、油、奶粉等食品到永安。"文革"后，罗丹因落实政策补了工资，听闻郭曼莉会做衣服，还托人争取到票证，买了一台缝纫机送给郭曼莉。很多年过去，这一点一滴都深藏在罗钟的心里。

随着阅历逐渐增加，思想逐渐成熟，加之大量的临摹、创作、实践，他对书法有了自己的看法。在罗钟看来，临摹和创作、继承和创新，是书法永恒的话题，整个书法史就是继承和创新的不断更替、变革的历史。

▲ 20世纪80年代，罗钟与妻子郭曼莉、儿子罗岚在永安合影

先说临摹，这是学书的必经之路、不二法门。如今社会上有不少书法爱好者，不看字帖写字，天天练，罗钟认为这样练一辈子都没用。书法艺术是一门正规、庄重的艺术，"一字一笔须从古帖中来"，做到入规入矩，把规矩学到手再谈其他。碑帖就是老师。历代流传下来的经典碑帖是经过历史检验、公认的可取法的范本，就应该心摹手追，才能真正得到妙道，即所谓的"古意"，才能做到心中有数，也才能择善从之。临摹不单是初学者的事，也是书者一辈子要做的功夫，即使技巧达到很高造诣的人，还要不断地临摹，临摹不同的字体和不同的风格，这样才能不断地提高，才能为创作积累更多的资本。鉴赏力和判断力是智慧的真正体现，临摹碑帖也要善于思考，不能一味地盲从，而仅仅停留在临摹，那永远没有超越，没有创造。所以说临摹是充电，创作是放电。

而创新，则是每个书家的追求。没有创新就是没有跳出古人的藩篱。创新有两个结果，一个是成功，一个是失败。故此，要勇于去尝试，但是创新又不是一朝一夕的事，要瓜熟蒂落，水到渠成。所以说，书法是寂寞之道，习书之人，要有"板凳甘坐十年冷"的决心、耐心和坚韧精神。

▲ 罗钟在第六届海峡两岸国学论坛上展示作品

创新，又不是每个人都能做到的。创新和个人的综合素养有关。刘熙载论书法曰："书，如也。如其学，如其才，如其志，总之曰如其人而已。"看一个人的书法，就是看他的作品体现出来的神采。都说书法讲神采，国画讲气韵。南朝齐梁时期画家、绘画理论家谢赫在"国画六法论"中提到，气韵生动是第一法。书画同源，看一幅书法作品，首先看神采，看一个人展示的精神面貌，一种风度。

对于书法神采的见解，中国古人早已有所论述。翻开卷帙浩繁的历代书法论著，无论是王僧虔的"书之妙道，神采为上，形质次之"，还是张怀瓘的"惟观神采，不见字形"，都把神采奉为书艺之根本，而作品的神采体现在哪里呢？就体现在这幅作品透露出来的气息。就像人一样，有的人气度高雅，有的人俗不可耐。有的人外表好看或者衣着华丽，但举止粗俗，甚至粗话连篇，这类人就谈不上好看；而有的人，外貌一般或者衣着朴素，但谈吐文雅，很有修养，越认真看越耐看。这就是人的内在。书法也是一样，要耐看，要经得起琢磨和玩味，越看越爱看。

罗钟认为，中国书法文化的核心应该是儒释道三位一体的哲学精神。当人们说到这幅书法很有书卷气、很文雅时，这就是说里面体现的就是儒家精神，儒家讲中庸之道，儒家思想讲文质彬彬，儒家的面貌就体现出来。有时看到一幅作品，觉得非常洒脱，仙风道骨，有仙气，这就是道家精神的体现。有的作品，看起来很空灵，让人感到安静，意境很深，很有禅意，这就是释家精神的体现。而一幅作品神采怎么来的，就要看创作者的综合素养，较高的综合素养能够使创作者具备开阔的眼界、浪漫的情怀，从而增强创作的动力。创作者在学习书法艺术的同时，也要努力塑造与完善自己的人格，形成自己的智慧，培养自己健康丰富的情感，提升自己的践行水平，使人格与书法作品同步提升，才能产生具有很强精神性品格的书法作品。

怎么提高自身的修养呢？罗钟领悟到，既要学天文地理，又要向姐妹艺术学习，比如文学、美术、音乐、舞蹈、建筑、武术、体育等。艺术是相通的，也是互相影响的，要学会举一反三，学习一门艺术，掌握了学习的钥匙，也为打开其他艺术的大门提供方便，但是能不能创新，还与其他更多错综复杂的因素有关系，不仅仅看文化修养。有的人很有文化修养，但他的作品不一定有创新的效果。究其原因，书法还是一种有技巧性的艺术，书者如果没有很好地驾驭这种技巧，要想达到高深的气韵和神采，也是不可能的。也就是说，书者在书法方面没有用功，即使文化再高，其作品只能透露出文人气息，这对于一个书法艺术家而言，是有欠缺的。

有感于此，罗钟曾创作一副对联：临池尊古韵，创意发新声。这阐述了临摹跟创作的关系，这是他对书法精神的一种看法，甚至可以说是罗家几代人书法研习的精神所在。

上左：《中国书法》刊登罗钟介绍文章《转益多师是吾师——评罗钟书法艺术》
上中：《中国书画》刊登《罗钟作品选》
上右：《收藏天地》刊登罗钟介绍文章《挥毫笔底起云烟——记罗丹体的传人罗钟先生》
下左：《书法》刊登罗钟介绍文章《"功性兼修"的坚定实践者——试述书法家罗钟先生其人其书》
下中：《书法报》彩色跨版专题报道罗钟书法艺术
下右：《中国书画报》刊登罗钟介绍文章《真力弥满 功性互见——再述罗钟的书法艺术》

伍

　　从1979年起，罗钟的工作和生活开始有了新的变化，先是妻子郭曼莉上调至永安县商业综合公司，经过培训取得会计证，任出纳兼顾医疗室工作。两年后，37岁的罗钟也奉调永安县城，在防疫站工作。

　　在县防疫站，罗钟主要负责学校的卫生工作，既要对学校进行卫生监测，掌握学生生长发育和健康状况，学生常见病、传染病、地方病的动态和防治计划，还要对全县学校卫生工作进行技术指导。防疫站的工作比起卫生院相对轻松且时间有规律，但工作面更广，要求也更高。在防疫站，他准确地聚焦中小学生视力这个问题，连续五年开展中小学生视力检测，每年撰写一份跟踪报告，对中小学生视力变化进行动态观察、分析，提出建议、意见，在当时很有实践价值。此外，他还发表了《永安市高考学生体检资料分析》《永安林区少儿生长发育调查》《远雾疗法治疗假性近视的效果》等论文。

▲1982年，三明地区医学科研基本方法学习班成员合影（三排右五：罗钟）

罗钟在贡川镇卫生院和永安县防疫站时都没有遇上评职称的机会。因为1966年"文革"开始，职称评定停止，直至1987年他调离防疫站后才恢复评审工作，当时防疫站还很关心和重视罗钟的职称问题，认为罗钟在防疫站工作期间已具备主管医师的业务水平，拟越级晋升为主管医师，并嘱咐其抓紧时间填表。罗钟当时认为自己今后再也不会去从事防疫工作，这种职称也就没有实际的意义，而且填这种表格很费精力和时间，将表格锁在抽屉长达9个月。直到经办人来催促才填表上报，可惜已错过主管医师的评审时间，最后只评为学校卫生医师。

自从罗钟调到永安后，常有周边地区的书法爱好者慕名而来。那时每周只有一个休息日，且交通不便，龙岩、漳平、沙县、大田等较远地方的有些书者，五六点就坐火车，近中午才能抵达，傍晚就得折回，深夜才到家。即便如此，他们仍然乐此不疲。从此，罗钟家成了艺术沙龙之地，每逢周末便高朋满座。

▲ 1984年，永安书画友（二排左三：罗钟）与福州书画家沈觐寿（一排左）、潘主兰（一排中）、林健（一排右）在永安招待所合影

▲ 1980年，罗丹应永安市政府邀请到永安为桃源洞等风景区书写摩崖石刻及创作书法作品，图为罗丹在永安招待所创作作品

▲ 1980年，罗钟（左）、罗丹（中）和林永权在永安招待所合影

1980年至1981年，永安县政府两度邀请罗丹到永安为著名景区桃源洞摩崖石刻书写李纲诗，罗钟都奉命作陪。伯父的字很受欢迎，写了很多幅字送给当地领导和艺术界朋友。有一次，罗丹居然把一大摞的宣纸都写完了，遂派人到连城去买纸。

1983年3月，罗钟正在外地出差，忽然传来伯父病逝的噩耗，令他悲痛万分。伯父虽然进入耄耋之年，但他的身体还相当康健。就在此不久前，伯父还对罗钟说，从他目前的身体状况看，活到90岁应该没有问题。可是世事难料，元宵节那天，伯父先是应邀参加万石岩的聚会，紧接着又赶了两三个小时的车程，到石狮参加另一场诗词书法活动。经不起一整天的颠簸劳累，伯父当夜就病倒了，抢救无效，作别人寰。事出突然，罗钟赶到厦门时已无缘见到伯父最后一面，成了他的终生遗憾。

1984年，罗钟被推选为新成立的永安县美术书法工作者协会副会长，主持协会工作；书法作品入选中国书法家协会参与主办的全国职工业余美术书法摄影作品展览。

1985年，中国书法家协会福建省分会（福建省书法家协会前身）成立，罗钟即为首批41名会员之一，同年，加入中国民主同盟。翌年，他作为福建省的优秀中青年书法家代表，先后由福建电视台和中央电视台（现中央广播电视总台）综合频道进行专访报道。在永安地区，罗钟的名气越来越大。

上：1985年，罗钟作为三明市代表参加在漳州举办的中国书法家协会福建分会第一次代表大会

下左：1984年，永安县美术书法工作者协会成立，协会牌匾为罗钟（一排右五）所书

下右：永安县美术书法工作者协会成立，罗钟被选为副会长，并在笔会上挥毫

　　1987年，罗钟因书法特长被调入永安市政协。这对骨子里流淌着艺术血液的他来说无疑如小溪的鱼儿进了浩瀚的大海，让他感到无比欢腾和畅快，从此迎来了书法事业的广阔天地。

　　在永安市政协，罗钟主要负责文史委的工作，同时被推荐为永安市第六届、第七届政协委员。

　　永安历史悠久、文化底蕴丰厚，民间诗词活动十分活跃。罗钟敏锐地把握这个文化现象，倡导并力主筹备成立燕江诗社，推动、组织了不少诗词活动，其中，在元宵、端午等民俗节日举办的折枝诗大赛影响最为广泛。

　　所谓"折枝"，又名诗钟，是韵文中一种别具风格的传统文学形式，指七言律诗中对仗的颔颈二联，"折"其中"枝"而已，要求对偶，两句自成格，清初从福建兴起。折枝像是两句七字的对联，但在写作应用手法上，比对联严格得多，显得更加工整，更具有欣赏价值。

　　折枝诗在福州最为盛行，永安也曾举办过，故在民间有不少爱好者。折枝诗大赛，需先公布题目，每位参赛者需购买统一纸条，为写诗投稿用，一条写一首，在规定时间内交稿。评审时隐去作者名字，分别送三门或五门诗宗评审，最后评出一、二、三等奖及优秀奖若干。评审活动结束后，通常在广场举行评奖大会，并开展吟唱活动，现场气氛热烈，观赏性强。

▲ 2011年，罗钟（左）参加国际文化产业发展论坛暨世界华人华侨精英（北京）峰会时，被中国文化产业促进理事会聘为书画专业委员会委员，上台献自撰联作品"群贤毕至·高论纷呈"

▲ 1987年春节，"春、燕"第一唱折枝诗吟唱会于初二下午举行，罗钟有一首作品获二等奖

市政协本来工作人员就不多，很多事情只能由罗钟一个人操办，举办一次活动，罗钟事无巨细，包揽了活动策划、发布公告、收集诗稿、分送评审等工作。只是"巧妇难为无米之炊"，政协经费少，活动资金紧缺，罗钟只好依靠自己的人脉，主动去寻求赞助。每次活动均能邀请企事业单位一起联办，将联办单位的主打业务定为两个眼字，并约定第几唱，或选定分咏题目，这样既有效地宣传了企事业单位的业务，又很好地解决了活动资金不足的燃眉之急。

在罗钟的极力推动下，燕江诗社红红火火，折枝诗活动绵延至今。他们以诗为媒，以文结缘，赋诗填词，用诗词来描写永安美景，用诗词来讴歌时代繁华，为诗意小城添姿绘彩。

这期间，罗钟经常往返于福州、三明市及三明地区的其他县区参加活动，发现永安市的书法活动虽然不少，但规模小，产生效应分散，无法形成氛围。于是他积极献言献策，成立燕江书画院，把三五成群的小团体团结融合起来，形成合力。这个想法得到了市委市政府的高度重视和支持，特别是当时三明地委书记邓超同志很关心这个事情。书画院在龟山公园成立那天，邓超书记莅临，市内外许多书法名家到场，著名书法篆刻家潘主兰也发来贺电，看着现场的群情激昂，那一张张笑脸和一双双期盼的眼睛，罗钟心里涌动着一股激情，一种对未来的信心。

在永安市政协，罗钟还力主配合市里以重大节日和中心工作为主题举办不少艺术活动，策划组织了不少书画展览、笔会和文化下基层活动。与友好城市石狮市举办两地书法联展，并组织两地书法家互访，现场创作、交流；接待福建省民盟书画采风团，并协助联系赞助单位增加采风团活动经费；接待书法家李铎、张虎及著名诗人蔡其矫等国内知名文艺家；为永安市老年大学的离退休干部讲授书法课，成为永安市老年大学第一位老师。这些活动艺术门类不同，侧重有别，但百花齐放，促进了永安市甚至周边县市艺术氛围的形成。

从这个时期起，罗钟就开始有意识地从单纯的临摹碑帖循序转向书法创作。他之前临摹过大量的字帖，又取法颜真卿、柳公权的楷书，借法罗丹体，但这只是一种纯粹的临摹，一种对古代文人书法的因因相袭，没有显示出太多的个人风格特点。在敬畏传统，书风带有罗丹的影子的同时，罗钟也在积极寻找与自己学养、气质相吻合的东西，彰显自己的个性特点。

从某种意义上说，这一过程是决定他能否从"书匠"变身"书家"的关键转捩。渐渐地，他个人独特的书法风格开始呈现了，突出体现在草书、隶书、魏碑和罗丹体的创作方面。

草书，是他性情和才华得以挥洒的重要载体。罗钟的草书，是用左手创作的。与古今因右手病废而改以左手行书而出名的书法家不同，罗钟左手作草则属于个人书法探索之举。早先，他的草书，从小草切入，取法王羲之、智永、丁右任，尤在怀素小草上下功夫，嗣后又专攻大草。罗辉在《功性兼修　德艺双馨——浅论罗钟的艺术人生暨书法艺术》一文中写道：罗钟的小草，"用笔凝练厚重，结字中规入矩，章法空灵简淡……"大草，"取精用宏，功性互见，既丰姿绰约、潇洒放逸，又骨力洞达、节制有度"。然而，为了使草书创作多些情感的发挥，少些理性的羁绊，为了避免右手过于熟易流滑产生习气而堕俗格，罗钟毅然改左手创作。左手创作，一切从头开始，却顺乎自然，无矫揉造作之媚态，达到稚拙厚朴、返璞归真的效果。在习书中，罗钟发现左笔取逆势，易得中锋，任心腕之交应，常能新意自出。

隶书方面，在青年时期广泛临摹的基础上，因草、行书与汉简的影响，他逐步摆脱罗丹体隶书的

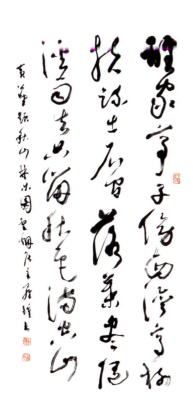

▲草书　中堂　黄公望诗

痕迹，趋向于更加自然灵活，富于变化，更强化书写性与抒情性。

"文革"时期，罗钟时常用赵孟頫的行书抄写大字报，那时他感觉笔力软弱，很长时间找不到原因，而立之年，罗钟改向魏书的专门探索，这才明白伯父为什么反复强调要他学魏碑。他逐渐被魏碑中展露的刚猛雄阔、挺拔峻厉折服。

魏书有两种。一种是如《张猛龙碑》《张黑女碑》《郑文公碑》，还有一些墓志铭、龙门石刻等碑刻，字体偏向正楷，比较左规右矩，端庄典雅，属于入门的时候学。另有一种如《爨宝子碑》《嵩高灵庙碑》等碑刻，字体介于隶书与正楷之间，比较奇特异样，苍劲稚拙，学起来颇有难度。后者争议比较大，但在罗钟的眼里，这恰恰有更多的可取之处，其鲜明的个性，有更多的创作发展空间，令罗钟深深着迷。

于是，他学魏碑，以《爨宝子碑》和《嵩高灵庙碑》为主调，融入隶书《张迁碑》的古拙沉雄，又有行书的灵动活泼，这种错落有致、真率奇古、大小不拘、富于变化的魏行书颇合时代审美新风，深得业内推崇。

明末清初奇人傅山提出的"四宁四

▲ 魏书　235cm×52cm　2006年

32

竹庐弹琴即烟立着而
趣臺指现云罄纸成

罗璧书

▲ 隶书 横批

毋"理论，即"宁拙毋巧，宁丑毋媚，宁支离毋轻滑，宁直率毋安排"，极其精辟，罗钟认为这个理论对书法乃至整个艺术范畴有着普遍意义和深远影响。

所谓"宁拙毋巧"，即作书宁追求古拙而不能追求华巧，应追求一种大巧若拙、含而不露的艺术境界。很多人不能理解，熟能生巧，巧不是挺好的吗？罗钟喜欢用灵巧的猴子与笨拙的熊猫做对比。人们去动物园总喜欢和猴子互动，比如递一个苹果给它，它吃得津津有味，吃完还会讨要，丢一个球给它，它会上蹿下跳地接，不会失手，令人忍俊不禁；但是熊猫，可能丢一个球给它，看似抱不住，又好像随时会掉下来，让人忍不住担心，其实这种担心是多余的，它绝对不会掉下来，这样的憨态可掬，使它的表现更有韵味，这就是拙。再比如猴子和熊猫骑自行车，猴子骑得很顺溜，好像技术高超，熊猫骑车摇摇晃晃，好像要倒又不倒，那种快倒不倒的姿态，会让观众连连惊叫，很是担心，反而更有趣。由此可见，人们爱看拙的东西。同理，从艺术上看，巧的东西比较浅薄，表面看起来很美，但细思量，无非就是熟练而已；而拙的东西，让人无迹可寻，一眼看不穿，反而更有悬念，更能回味无穷，即所谓的"大巧若拙""大智若愚"。因此，在书法方面，罗钟追求的就是宁拙毋巧。

所谓"宁丑毋媚"，即宁可写得丑些甚至粗糙，也不能有取悦于人、奴颜婢膝之态，要寻求内在的美。这里的"丑"，当然不是刻意写得丑，追求丑，而是形容写书法时自然而成，不计工拙，不计较个别地方的瑕疵，是要透过丑的表面，看到真正美的精神。而"媚"，表面上很好看，但是太媚的东西，反而失去本真，堕入俗境。可以欣赏假山来理解宁丑毋媚的含义，假山的表面，看起来丑、漏、透、瘦、皱，但是有曲线、有线条，粗糙的东西忠实地记录下艺术家的感觉。试想若是一块光秃秃的石头，没有曲线，没有线条，没有造型，即使表面的纹理色彩斑斓、质地细腻，有美感可言吗？

所谓"宁支离毋轻滑"，比较难理解。某种程度上讲，可以理解为不要过分地追求技法上的完美，重复性的高超技巧也难免陷入程序化的俗套，所以有时为了追求自然、本真的东西可以适当放弃法度的严谨。这里的支离是指运笔要"沉涩"，这样才能和"轻滑"相对应。东汉蔡邕在《九势》中提出："涩势，在于紧驶战行之法。"如果运笔平铺直叙，没有阻力，顺锋而过，其线条自然轻滑、单薄、无力。如何才能产生沉涩？只有用战笔（颤笔）一波三折之法，使锋毫与宣纸产生摩擦力，笔画虽然看似琐碎，但是线条沉稳老涩，能够入木三分，力透纸背。这就是所谓的"屋漏痕"。

所谓"宁直率毋安排"，即宁信笔直书，无须太多顾虑，也不要画眉

▲ 2017年8月，罗钟（右）在中央美术馆参加行草十家展开幕式时，与沈鹏在贵宾室合影

描鬓，装饰点缀，宁可有瑕疵，不够完美，也不要有搔首弄姿之嫌。说到底，就是讲究自然，自然是艺术的最高境界。儿童不会装腔作势，非常童真，就是自然。自然，要达到一定的修养才能做到，所谓"清水出芙蓉，天然去雕饰"，一些较高境界的东西都是很自然的流露。这才是艺术探索所要追求的。

有一次，罗钟接受《鹭风报》采访时，记者曾问道："外界评价您可以写多种字体，每种书体都有一定的造诣，您对自己哪种书体比较满意？"罗钟回答："我认为是草书。近来我更多致力于草书的探索，在草书上更有心得，但是我觉得魏书的发展更有空间和潜力。"后来的事实证明，罗钟的自信并非虚言，步入晚年后，他的魏书字体逐渐成熟，并形成自己的风格。当然，这都是后话了。

1989年，罗钟作为三明市书法家协会筹备组成员，参与协会成立的筹备工作，协会成立后，他被推选为副主席。同年，他的草书作品入选中国书法家协会参与主办的中外草书展览。

▲ 中国书协副秘书长潘文海在罗钟书法展上致词　　▲ 罗钟（右）与苏士澍在政协北京展览上合影

陆

　　1991年是罗钟人生的重要转折点。时隔27年后，他终于调回厦门工作！新的工作岗位是厦门市政协机关，罗钟任文史委员会委员，兼市政协书画室秘书长。平时，罗钟除了认真协助做好文史资料的收集、编撰工作之外，还参与编撰《厦门经济特区辞典》（由人民出版社出版发行），曾与洪卜仁合作撰写厦门抗战时期的资料，被收入全国权威刊物出版。

　　翌年，罗钟的书法作品入选中国书法家协会参与主办的92怀素书艺研讨会暨草行书作品展。

　　在罗钟的积极倡导和具体组织下，市政协书画室于1993年恢复活动，市政协副主席柯雪琦任名誉主任，书法家余纲任主任，书画家白磊为副主任，聘请魏传义、朱鸣冈、高怀、林英仪、张人希、谢澄光等一批艺术家为顾问；在罗钟的积极建议下，书画室还聘请林岑、王守桢、林生、许文

▲ 2004年，罗钟书法展在厦门市图书馆展厅举办时，罗钟（二排中）与高怀、洪卜仁、白少山、陈美祥合影

厚、翁铭泉、张承锦等一批中青年知名画家为画师。书画室几乎囊括了厦门书画界的精英，形成了老中青衔接紧密、门类齐全的书画师队伍。成立当天，首届画师作品展在中山公园名家画廊举办，市政协主席蔡望怀亲临现场并讲话和指导。此后，市政协书画室把握党和国家大事、喜事的重要节点，服务厦门市委市政府中心工作，组织开展特色专题书画活动，在厦门、省内，甚至走出福建省，与省内外兄弟城市开展了一系列艺术活动，较好地发挥了宣传阵地、交流平台、展示窗口的重要作用。

　　有一个活动罗钟印象特别深刻。1995年，宁波市政协访厦，两地政协议定联合举办书画联展。厦门市政协将这项工作交给罗钟为主筹办。罗钟根据主题，精心挑选10多位画师，与每个画师沟通、确定创作意向，不时了解创作进展。厦门、宁波两地书画家的百余幅作品先后在厦门、宁波两地举行展览，两地书画家也因为这次展览结下深厚的友谊，时常书信往来，交流艺术。

▲ 左上：关山月（中）来厦，罗钟（右站立者）负责接待陪同（左：高怀）
　左下：厦门民盟美术院到黄山写生合影
　右上：2001年，厦门大学建校80周年书画家祝贺作品展合影（二排左六：罗钟）
　右下：2004年，厦门市文联赴龙岩云顶茶园创作团合影（二排左二：罗钟）

在书法展览和笔会时，罗钟常常会挥毫演绎他的家传字体——罗丹体，引来一阵赞叹之声。

书法界称罗钟为罗丹体的传人。著名书法家、篆刻家石开曾评价罗钟："钟兄继吾闽罗丹先生书学，尤擅碑体，致力汉隶及魏楷，得罗丹笔法之真传。"

罗钟的伯父常说："古人之法，可学、可鉴，也可变。"

他的书法，30岁左右就粗具面貌，然而，用了此后的50年细心打磨，屡屡寻求突破和变化。他在博采众长的基础上形成以颜体之雄伟壮阔为主体，参以汉隶之古朴和六朝碑版之奇肆的字体。其字体个性强烈，自成面目，极具辨识度。

罗钟十分钦佩伯父的创新精神，学书时间越长，越觉得创造个人风格之不易。

从幼年时期就跟随伯父罗丹的罗钟，受到罗丹的影响和熏陶很多。他年少时模仿罗丹体，遭到伯父的批评。后来他遍临各种碑帖后，渐趋成熟，这时他再写罗丹体，就得到伯父的赞许了。平时，伯父对罗钟很严格，对他的进步很少当面肯定，却常常在背后夸奖。据本省老一辈书法家回忆，罗丹曾多次对友人说："我有一个侄子在永安，字写得很好，模仿我几乎可以乱真。"言语之中，满是自豪和欣慰。

模仿罗丹体的人不止罗钟一人，但罗钟写的罗丹体之所以比旁人略胜一筹，原因有三：

其一，对伯父的经历最熟悉。他从小跟在罗丹身边，对罗丹的一生及性格特点再熟悉不过。要知道模仿一个书法家，除了学他的字体，还要了解他的生平、创作经历，揣摩他的精神实质。

其二，观摩伯父现场创作时间最长。很小的时候，罗钟总是在一旁静静地看伯父写字，还帮忙研墨拉纸。长大后，伯父创作时，也喜欢让罗钟在一边观看。在永安工作的那些年，因为忙，罗钟难得回一趟厦门，回家后有时和同学朋友出去玩，罗丹就会批评他："其他人经常跑来看我写字，你难得回来，不在家待着倒是天天乱跑。"

书法艺术千变万化，靠的就是运笔的技巧。伯父的运笔非常特殊，他巧用指腕摆动的角度变化，使得每一笔都写得一波三折，出神入化。有时罗丹兴之所至，还要边写边讲解，告诉罗钟为什么这里要把笔锋打扁，在这个角落要转笔锋。因此，没有长时间的深入观察，没有长时间亲眼看到罗丹的现场创作，是不能明白他的用笔的诀窍及当下创作时的处理理由，光从他的作品硬生生模仿，是难以学到他的精髓的。长时间的观察、记录，不知不觉中，伯父运笔的姿势、气度就深深地嵌刻在罗钟的脑海里，渗入骨髓，融化在血液中。

其三，具有深厚的颜体、魏碑和隶书的基础，罗丹体糅合的书体太多，且糅合得很自然。罗钟自学书时，伯父就耳提面命，要他广泛取法，促使他将遍临名帖视为己命，与罗丹体"融冶魏、隶、楷、行、草于一体"的精髓相一致。

罗钟学习罗丹体，在罗丹的言传身教下刻苦钻研，起初是忠实于罗丹体的原本风貌，随着其他书体的进展与成熟，加之自身审美观独立成形，逐步将罗丹体笔法中的方棱刀斧之感减弱，加强笔法的圆浑因素，这种方圆并济，使得罗丹体具有另一种新的亲和力，亦形成自己的风格特点。

在长期的书法实践中，罗钟对明代书法家祝允明所说的"有功无性，神采不生；有性无功，神采不实"，有了较深刻的理解。

▲ 罗钟（左）与著名雕塑家、书法家、中央美术学院教授钱绍武在人民大会堂安徽厅合影

▲ 胡抗美在中国美术馆举办个人书法展，罗钟（左）与其在展厅合影

一方面，学书必须经历长期师法古贤名碑的焠砺，八法精熟。这是前提和基础，即所谓"功"。另一方面，创作必须融入自己的学识修养和审美趣味，并保持恬淡自如的创作心态，才能在创作时心手双畅，物我两忘，书写出真情至性，即所谓"性"。

有功无性，写出来的字充满匠气，不能谓之艺术作品。陆游对孙子说："汝果欲学诗，工夫在诗外。"诗歌如此，书法亦然。其实不仅是书法，许多艺术作品都需要体现神采，要创作者融合多方面的修养、学识，加上悟性而成。

而有性无功，则华而不实。当下，有不少书法爱好者，仗着有点天分，入门没有好好地打基本功，似乎也能写得有几分味道，龙飞凤舞，外行看热闹，内行人却一眼就看出掌握笔墨的技巧不够，很多毛病就暴露无遗。

所以书法艺术应"功""性"兼得，"功""性"互见，技道交臻，才能达于妙境。"功""性"之间，罗钟又认为字外功夫比字内功夫更重要，毕竟字内功夫可以靠勤学苦练得来，当然也跟悟性有关系，但是字外功夫就比较深沉，是更高层次的要求，不是人人可以达到的。

▲ 罗钟（厦门）·王岩平（香港）·李炯毅（台湾）三地三人艺术世家鹭岛联展合影（左起：庄威、洪志标、庄亨浩、罗钟、詹沧洲、陈美祥）

柒

对罗钟来说，在市政协书画室任职，和自己的兴趣爱好契合，是一项很惬意的工作，但考虑到自己已年过半百，正是"衰年变法"的关键时候，而行政工作需要坐班，且时常还要加班，可供自由掌握的时间并不多，所以，他很羡慕那些退休的同事。正好此时有了新的政策，凡工龄满三十年者，可提前退休。他正好符合条件，于是马上提出申请。尽管上级再三挽留，但罗钟退意已定，终于如愿以偿。他办理退休时，年仅52岁，离法定退休年龄，整整提前了8年！

2007年3月，应厦门画家许文厚教授邀约，罗钟出任北京当代弘文画院副院长。北京当代弘文画院位于北京草场地艺术区，为一名广东企业家所创办，经民政部门正式批准成立的，主要从事书画展览、培训和作品推广、销售。画院签约了新疆、湖南、福建多地书画家，书法家仅一名，就是罗钟。

在北京那几年，艺术市场非常活跃，各式各样的画院如雨后春

▲ 2004年，罗钟在厦门市图书馆举办的个人书法展开幕式上讲话（后排左起：陈维加、高怀、林英仪、李金龙、张人希、张平、桂其明等）

▲ 2004年，罗钟（右）在厦门市图书馆举办个人书法展，陪同市政协副主席桂其明（中）、市文联党组书记谢澄光（左）参观

▲ 2005年，罗钟（左四）在福州画院举办个人书法展时与（左起）陈秋泉、陈一峰、章绍同、陈奋武、吴乃光、方松峰、陈章汉合影

笋，全国各地艺术家蜂拥而至，各种艺术流派、风格的碰撞，使得花甲之年的罗钟焕发了新的活力。他有一种艺术渴望的满足，也有一种艺术创造的紧迫。

▲ 左上：北京地铁天安门东、西站罗钟书法展
左下：2014年11月18日，"翰墨同书·华夏情·丹青共绘中国梦"海峡两岸中国书画家作品展暨笔会合影（一排左三至左五：范迪安、徐里、林容生；二排左四：罗钟）
右上：2010年，罗钟在北京望京书画研究会做《书法线条艺术》讲座
右下：2014年，范迪安书"文咏书涵"赠罗钟（左）

　　罗钟一方面要举办展览、办培训、组织笔会，另一方面也不能忘了来北京的目的：拓宽视野、广结艺缘。在这里，他可以借助画院这个平台，得到更多的机会受邀参加各种书画展览和笔会，还常与范迪安、徐里、林容生等在京闽籍书画名家切磋交流。可以说，在北京的8年，是罗钟书法成熟期再次突飞猛进的8年，也是罗钟书法走出福建、走向全国，得到更广泛认可的重要转折。

在北京办展，尤其在闻名遐迩的荣宝斋办展，是许多书画家毕生的梦想。北京荣宝斋是一个有着300多年历史的集书画经营、出版印刷、展览、拍卖和教育培训等于一体的综合性文化企业，每天到荣宝斋联系办展的艺术家络绎不绝。罗钟一到北京就慕名前往联系，工作人员答复，要经过审核研究再安排时间。几天后，工作人员回复，罗钟已经入选，但档期要排到年底或者第二年。岂知过了不久，工作人员主动打电话，说有一位画家临时要出国，拟将罗钟的档期提前至6月份。于是，当年6月28日，罗钟书法作品展在北京荣宝斋精品画廊成功举办，他成了厦门第一个在北京办个展的书法家。

开幕当天，荣宝斋来了不少书法界知名人物。著名书法家沈鹏为展览题名，展览展出50多幅作品。一位书法同行说，南方人写碑版的本来就不多，罗钟的书法既有南方人的精美雅致，又有北方人的阳刚大气。《中国书画家报》《北京晨报》等多家媒体都做过这个书法展的报道。远在故乡厦门的《厦门日报》也于当天以整版报道展览盛况，厦门卫视还在《北京访谈》专栏中进行访谈报道。

▲ 2007年3月，罗钟（一排左六）在北京荣宝斋举办个人书法展时合影

　　这次展览产生了很大的影响。此后，有不少人慕名前来，或探讨交流，或邀请参展，或书写牌匾，或联系收藏。人民大会堂书画室负责人对罗钟产生了极大的兴趣，通过荣宝斋取得罗钟的联系方式后，登门拜访，不久又邀请罗钟到人民大会堂书画室创作一幅丈二宣罗丹体的苏东坡《念奴娇·赤壁怀古》。此后，人民大会堂书画室多次邀请罗钟前往创作。还有一位企业家，因为其父亲十分喜爱罗钟的书法，提出把正在经营的位于琉璃厂的画廊改为罗钟作品专卖店，拟开辟4个展厅展览。罗钟一听，吓了一跳，且不说琉璃厂处于黄金地带，寸土寸金，4个展厅房租近10万元，作品今后的销路还是未知数，于是赶忙回绝。后来得知，这个画廊仅剩10个月的租期，前期投资已经产生收益，企业家对罗钟作品的市场价值充满信心。罗钟推辞不下，花了半个多月的时间，重新创作一批作品，专卖店顺利开张。北京是藏龙卧虎的地方，除了有众多的画家外，全国各地来京城闯荡的"北漂族"书画家有20多万之众，能在首都开个人作品专卖店的为数不多，而在琉璃厂这块风水宝地开专卖店的更是屈指可数。罗钟感叹，这是天赐良机，是他在书法历程中的一个闪亮点。

　　罗钟还应北京地铁广告公司的邀请，在北京天安门东、天安门西两个站台扶梯两侧墙面各展出30幅书法，展期半个月。凡是到天安门的旅客大

▲ 2008年，罗钟应人民大会堂邀请在书画室创作丈二巨幅横批罗丹体苏东坡《念奴娇·赤壁怀古》

▲ 2010年，北京友人在琉璃厂汲古斋为罗钟开设罗钟书法作品专卖店，罗钟夫妻在店前合影

都要在这两个站出入，每天的人流量众多。展览期间，罗钟经常收到北京本地和各地来京书友的问候和祝贺。

2008年，北京承办奥运会，罗钟应约自撰并书《北京奥运感赋》，刊登于当年8月7日的《北京晚报》上。奥运会期间，北京开展多项文体配套活动，罗钟应邀创作四尺对开横幅书法作品"翰墨飘香奥林匹亚"，赠送给奥运会创始国希腊，希腊驻华大使馆文化参赞接受了捐赠。

▲ 2008年奥运会期间，在"两种文化　同一精神"翰墨飘香奥林匹亚活动中，希腊驻华大使馆文化参赞接受罗钟书写的书法作品

▲ 北京师范大学书法系主任邓宝剑接受厦门卫视采访

2012年，应北京师范大学书法系主任邓宝剑教授之邀，罗钟在北师大京师美术馆举办为期5天的书法展，展出70多幅书法作品。邓宝剑教授亲自主持开幕式，中国书协副秘书长潘文海出席并讲话。书法系的几位老师带着学生参观，并现场讲解。北师大是培养书法硕士、博士研究生的高等学府，展览过后，罗钟问邓宝剑教授外界反映如何，邓回应说："很好，给我们添光增彩。"北京大学的一名书法老师也带着一群学生前来观展，并邀请罗钟到北大举办一场展览，罗钟考虑到创作任务重而婉拒，后来每提及此事，都懊悔不已。

在京期间，《中国书法》《书法》《中国书画》《书法报》《书法导报》等多种书法专业权威刊物对罗钟的艺术成就给予专题介绍、点评，《北京晚报》《北京晨报》《北京商报》《赤子》《中华国粹》等多家刊物也进行了人物专访。

20世纪90年代以来，罗钟的书法作品先后被省内外艺术馆，日本"球王"稻尾和久先生，以及香港、澳门、台湾地区和新加坡等多位知名人士珍藏。他本人也代表福建、代表厦门先后赴新加坡、中国台湾地区等开展书法交流，以精湛的书艺为中外文化交流和海峡两岸同胞的感情交流做出了贡献。

▲ 上左：《中国老年报》创刊20周年书法展暨座谈会上，罗钟（一排左一）与中书协副主席刘艺（一排左二）合影
下左：2006年，罗钟作为厦门市书画家代表团成员参加海峡两岸（四地）书画交流展
右上：2006年，罗钟（左）随福建省教师书画代表团到新加坡参加展览时与新加坡中华书学协会会长陈声桂合影
右下：2006年5月，罗钟（左）参加厦门书画家代表团赴台访问参展时，与台湾中华书学会会长陈炳煌合影

捌

　　和罗钟经常相处的人都能够感受到他的儒雅、达观、淡泊。时常有人称罗钟为大师，他总是笑着说，大师几十年、上百年才会出现一个，我现在最多只能称为书法家。他的家里时常聚集书界同行，大家一进门，先铺宣纸，再濡墨挥毫，而后各自品评。罗钟的点评从来都是真诚客观、一针见血，没有场面上的敷衍，也毫无夸大溢美之词。他很少带学生，但是总有书法爱好者上门请教，他也从不拒之门外。他与学生相处时，从不以老师自居，而是竭尽全力倾其所有，乐此不疲地为学生指点迷津，授技传艺，让人感到温暖，如沐春风。

　　其他时间，他更多的是看书、写字。因为从小在伯父身边，他早早地接受古文熏陶，诗词、四书五经等古典文学读物看得津津有味。看着伯父和朋友们吟诗作对，能从普通的事物中寻找到美，再用言简意赅的词句表达出这番美，他羡慕极了。渐渐长大，伯父督促他学书时，总不忘强调要研读古诗词。罗丹说，诗词赋予书法，如虎添翼。罗钟至今还珍藏着伯父罗丹用商标纸背为他写下的诗歌平仄对仗规律。

▲ 罗钟（厦门）·王岩平（香港）·李炯毅（台湾）三地三人艺术世家鹭岛联展合影

可以说，诗词一直流淌在罗钟的血脉里，催生了他积极向上的人生动力。几十年来，乡间行医的工作阅历磨炼了他坚毅豁达的心志和胸怀，也让他充分感受到底层百姓的疾苦；夜以继日地读书笔耕，滋补了诗心成长的养分和能量。他常常自愧不及伯父的学问，但其实在同辈人中，他的诗词功底算是深厚的。他的诗作既描绘祖国山河美景，又抒怀故土乡愁，春花秋月尽成韵，一物一景皆清欢。看到海沧大桥建成通车，他为之喝彩：

> 跨海虹桥气势雄，漂浮创意见神工。
>
> 鹭门美景添新彩，万众高歌汗马功。

回永安重游桃源洞，他吟咏一律：

> 桃源景色不胜幽，联袂登临兴致悠。
>
> 一线巉岩浮日月，千寻峭壁自春秋。
>
> 溪山入画胸襟阔，鸥鸟翔天眼底收。
>
> 他日有缘重结伴，武陵胜景再豪游。

厦门文史专家方文图先生作七律《咏金榜钓矶》，向罗钟索和，罗钟即步其韵和之：

游金榜公园	方文图原玉
漫道钓矶景物移，	金榜山前世事移，
玲珑玉笋粲垂丝。	唐时场老曾垂丝。
飞桥曲曲通幽境，	沧桑更换无陈迹，
碧水粼粼映锦陂。	水石新修有美陂。
石室重修真美矣，	漫道灵娲能补隙，
黯公有晓应安之。	堪夸巧匠善营之。
千年胜地焕新彩，	浑然池上耸岩壁，
赢得骚人万首诗。	寄语骚人好赋诗。

诗者，表其心，如闻其声；书者，彰其韵，如临其境。诗词与书法，同样是用来表达心中美的感受。罗钟把这种美，酝酿、提炼与升华，形成于笔端，满载着家国情怀，描绘着壮美山河，思考着社会冷暖。

在感受到他宽怀、仁厚、温和、沉静的同时，他还有激荡飞扬、浪漫充盈的一面。除了书法外，罗钟从小喜爱音乐、舞蹈，至今仍然活跃在国标舞的舞台上。年轻时，打从接触这门艺术后，他就为之着迷。在厦门市历届体育舞蹈比赛中，他和妻子合作，多次荣获摩登舞第二名。音乐和舞蹈的完美结合，又以艺术的审美的形式达到娱乐和健身的目的。在罗钟看来，国标舞和书法有异曲同工之妙，舞步随着乐曲的起伏跌宕，时而轻重缓急，时而快慢交替，时而强弱变化。舞蹈是肢体语言的造型艺术，书法是线条语言的造型艺术，舞蹈的优雅、奔放、婉转、绵长被他吸纳进书法挥毫泼墨的线条中，他从国标舞的多元变幻中获得灵感和激情。

罗钟的书法作品在社会上产生影响后，经常会遇到登门索字者。平时，他会刻意躲开一些附庸风雅的盛情索字者，对一些真正喜欢他的字又经济不好的求书者则会免费赠予。十几年来，每逢春节，他都主动参加多场义务为群众书写春联的活动。他认真书写每一副对联，尽力满足群众的要求，兴之所至，他还会现场编联创作。每次义务写春联活动都要好几个小时，他累得腰酸背痛，却不忍心让充满热情的群众失望。

三四十年来，汶川大地震、云南鲁甸地震、南普陀"慈悲心　翰墨情——厦门新年书画慈善行"大型公益书画义卖活动等义捐义卖活动，他都第一时间拿出作品和钱款捐赠。在灾难面前，他认为自己能做的太有限了，捐几幅作品或是一点钱款，仅是略尽绵薄之力，这也是一个书家用自己的行动表情达意，传承中华民族慈善、慈悲、慈爱的优良传统的责任。

▲上左：2008年8月，罗钟（右二）在"中外女画家·奇特乐5·12地震灾后重建特别行动"书画笔会上为合作国画
《傲霜》题字

上右：刘堆来在罗钟（厦门）·王岩平（香港）·李炯毅（台湾）三地三人艺术世家鹭岛联展上讲话

下左：罗钟作品魏书横幅辛弃疾词《念奴娇》拍卖证书

下右上：罗钟书法作品《王维诗 辋川闲居赠裴秀才迪》被全国人大机关收藏

下右下：罗钟作品《郑板桥诗》和《不是一番寒彻骨 怎得梅花扑鼻香》被人民大会堂管理局收藏

玖

　　走进罗钟家客厅，入门所见就是一张宽大的书案，书案两边堆积着厚厚的宣纸，有的平叠靠压在一起，有的卷成筒状簇拥一团。各种各样的毛笔，大如扫帚小如针，品类齐全，或垂挂笔屏，或栖息笔架，或挺立于笔筒里。

　　宽敞的客厅是生活空间，也是工作室，更是罗家三代人谈书论道的地方。罗钟将它命名为"云烟居"，典出宋代杨公远诗《许侯赠诗借韵谢二首》的"挥洒云烟笔有神，衮褒字字烛吾真"，展示了主人挥洒云烟的潇洒，也蕴含了主人视名利如云烟的情怀。

　　罗钟的独子罗岚从小受家庭影响，也酷爱书法，罗丹得知后很高兴，几次书信都过问罗岚的习书情况，并对他的习作进行指导。长大后，罗岚考上厦门大学艺术学院美术系，研习中国画专业，师从书画家洪惠镇、李文绚、张小鹭等教授。罗岚的书法先学颜楷，再学石鼓文、学唐草，继而习汉隶、魏晋。他的书画作品透露出底蕴正统、格调高雅的书卷气息。其

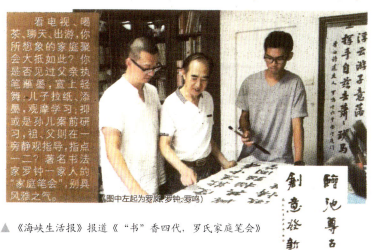

▲《海峡生活报》报道《"书"香四代，罗氏家庭笔会》

行书作品清新自然，点画之间既有刚正之风，又有俊秀之韵，给人一种雅致文静、清润潇洒之感；国画作品以理念独特、手法新颖见长，表现出空灵之气而耐人寻味。深厚的家学书画底蕴和丰富的书画创作实践，使得他研究出一套独到的书画教学方式，将教授、传承书法、国画艺术作为己任。

同样受家庭的熏陶，罗岚之子罗鸣也爱上了书法。这位1999年出生的小孙子，18岁那年就以全国专业第七名的成绩，考入中国美术学院书法与篆刻专业；2021年，考取本校书法系攻读硕士学位，方向为书法篆刻创作研究，师从书法家、篆刻家沈浩教授。罗鸣从小就显露出书法功底和潜质，多次参加全国、省、市青少年书法比赛，并获奖。近年来，他的书法作品入选"书学之路·2019中国高等书法教育教学成果展"，篆刻作品入选"守望兰亭·福建省第四届书法篆刻展""2021·书学之路——中国高等书法教育成果系列之篆刻专题展"，他在书法创作、理论和篆刻方面已经崭露头角。

家庭聚会时，祖孙三人时常聊着聊着，就不自觉地走到书案前，一人挥毫，其他人点评。他们仨还有一个微信群，取名"论道"，谁新创作了作品抑或看到好的作品，都会第一时间发到群里分享，有时也会为某种书法现象或是某个书法观点在群里展开激辩，观点机敏而鲜活。第一代和第

▲ 罗钟夫妇与孙子罗鸣在厦门湖滨南路住所合影

三代的出生年龄相差半个多世纪，成长于三个不同的时代文化土壤，思想观念文化的趣味交锋，推动着三代人书法观念的共同进步。

当祖孙三代聚集在一起谈书论道时，罗钟总会想起他的书法艺术创作的引路人——伯父罗丹。

2006年，厦门书法广场暨罗丹雕塑在风景秀丽的环岛路落成。先生坐在自己的作品前，微笑地看着来往游客，以指为笔，以天为纸，以海为墨。在先生的塑像背后，有很多学生的留言。罗钟写下："挥之不去的谆谆教诲，挥之不去的殷殷期望，剀切之情终吾生所不敢一日忘也。"短短一句话，充满着罗钟对伯父深深的敬意和绵长的思念。

2014年，罗钟把自己珍藏的伯父罗丹的3幅作品、多支毛笔和一方大砚台以及部分书信捐赠给位于福建连城县的罗丹书法艺术馆，能够使伯父的书法艺术让更多的人观赏、研究，并得以传承，就是对伯父最好的纪念。

2018年，罗丹、罗钟、罗岚、罗鸣四代人的作品在"一城春色半城花"——厦门市思明区庆祝改革开放40周年书画作品展览上一齐亮相，引起观者赞叹。一门四代，四个书法家，在不同的时代，体现出鲜明的时代艺术特质，这样的家学背景、创作成就在当下实属罕见，已经成为鹭岛的一道独特的文化风景线。

西汉文学家扬雄曾写道："言，心声也；书，心画也；声画形，君子小人见矣。"唐代

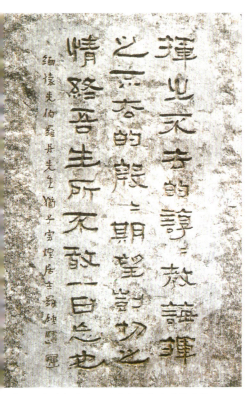

厦门环岛路书法广场罗丹塑像背面罗钟的题词

2010年12月，罗钟（左）与师兄陈美祥在厦门书法广场罗丹塑像前合影

欧阳询也有"心正则笔正"一说。书品和人品一样，都是永远没有尽头的修炼过程。

年近耄耋，罗钟仍然在书法之路上寻寻觅觅，上下求索，永不停止。令我们为之欣慰的是，书法作为中国文化具有代表性的艺术，正是有像罗氏家族这样的一代又一代书法家的传承创新，才能得以绵延兴盛。

▲ 上左：2017年，罗钟赴台湾台北参加海峡两岸年度汉字评选揭晓典礼，并在笔会上书下"创"字
上右：罗钟在厦门植物园题字前留影
下左：罗钟在厦门会展中心广场大型石雕《海上生明月》前留影，余光中诗《乡愁》书法石刻为罗钟所书
下中：罗钟所书"豫章遗风"刻于沙县淘金山摩崖
下右：厦门植物园新碑林罗钟自作诗石刻

第二辑　作品

书法

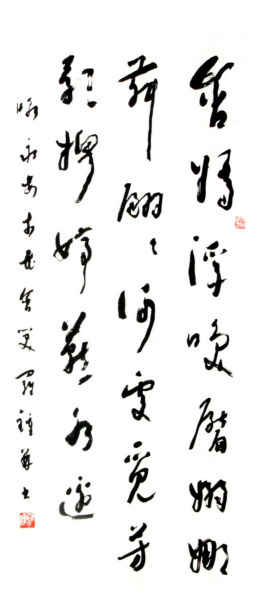

自作诗　中堂　草书　138cm×68cm　1987年

看字画须具金刚眼力方证 翰墨因缘能得真切

条幅　魏书　180cm×45cm　1991年

横幅　隶书　138cm×34cm　1992年

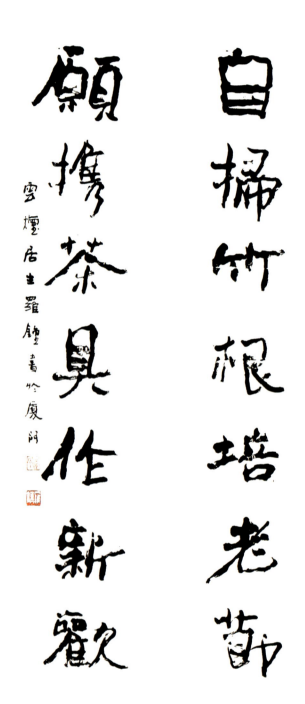

自掃竹根培老節

願攜茶具作新歡

雲煙居主羅鐘書於廈門

对联　魏书　180cm×40cm　1992年

諸山遊也追猶驟萬事悟時恨自空

雲爐居主羅鐘

碑刻拓片　魏书　1993年

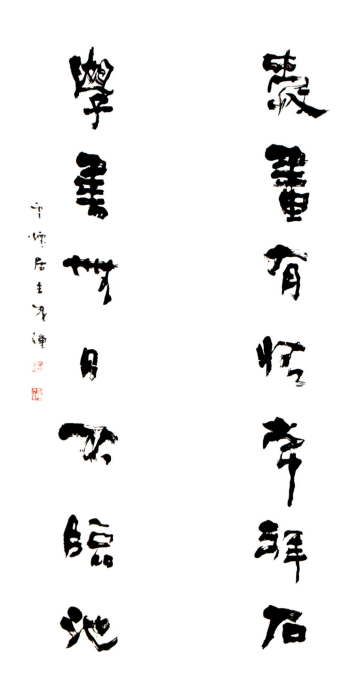

对联　罗丹体　138cm×38cm　1994年

老拳搏古道

兒口嚼新書

清金聖嘆聯句

雲煙居主羅鐘書

对联　魏书　138cm×38cm　1994年

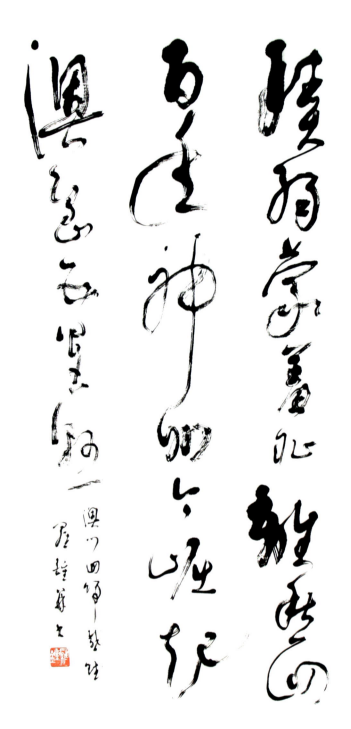

自作诗　中堂　草书　138cm×68cm　1999年

石濤畫竹好竪戰略無紀律而紀律自
在其中變爲江君顙長作此大幅極力効此
橫塗豎抹要自筆。左法中未能一筆踰于
濃外甚矣石公之不可及也功夫氣象偕一
點不得魯男子云唯柳下惠則可我則不可將
以我之不可學柳下惠止可余于石公亦云

鄭板橋題詩 己卯春初鳀之望雲煙店主羅鍾書 鶴門

中堂　隶书　180cm×97cm　1999年

对联　魏书　138cm×68cm　2000年

魏书　138cm×34cm　2001年

横幅　魏书　138cm×34cm　2001年

独坐幽篁里 弹琴复长啸 深林人不知 明月来相照

王维 又一绝句 甲鹤

罗钟 书

中堂　隶书　138cm×68cm　2001年

自作联 隶书 235cm×53cm 2001年

横幅 章草 138cm×34cm 2001年

自作诗 草书 235cm×53cm 2002年

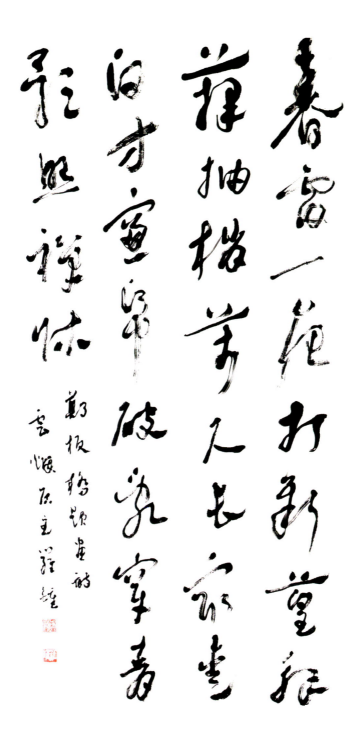

中堂　章草　138cm×68cm　2002年

对联　草书　138cm×34cm　2003年

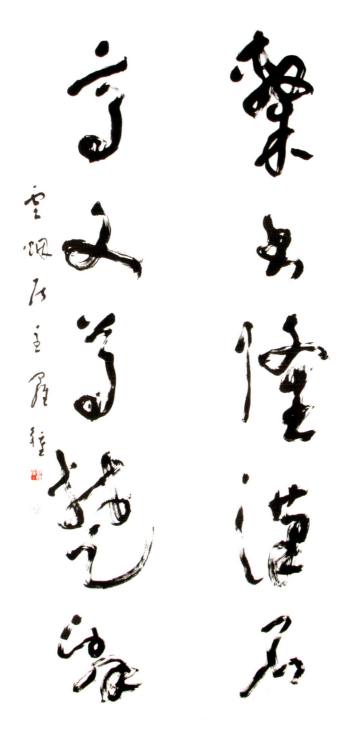

对联　草书　235cm×53cm　2003年

衙齋卧聽蕭蕭竹疑
是民間疾苦聲些小
吾曹州縣吏一枝一葉
總關情

鄭板橋題畫詩
雲煙居主羅鍾書

中堂　魏书　150cm×83cm　2003年

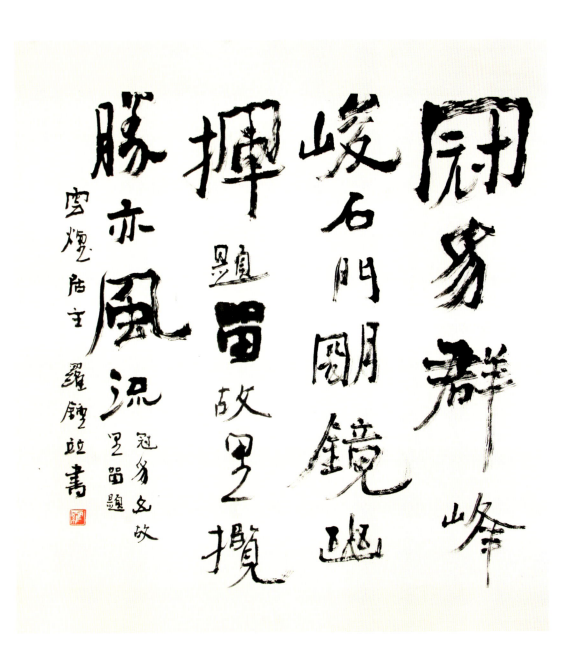

閙象群峰山峰
峻石門關月鏡幽
揮題留故里攬
勝亦風流冠象名故
里留題

宏煌居主羅鐸立書

临王羲之　草书　40cm×40cm×4幅　2004年

横幅　魏书　320cm×60cm　2004年

局部图

游桃源洞

桃源洞壑径通此脱俗
登陟兴致纡一线
峰峦浮日月
千寻峭壁月春秋深
山人画就谍间鸥鸟翔

天眼底如他日有缘重结
伴武陵胜境再豪游
瑞云古洞集特名
胜迹展貌佳妙文笔
秦沙涤风轻挥
公擅不群
诗篇誉世传令日随闲
春嶝会好同山水
结良缘禧作七律二首
云烟庚之罹钟年书

瑞云洞笔会
笔前测画东有狮楼上

自作诗七律两首　条幅　行书　134cm×34cm　2004年

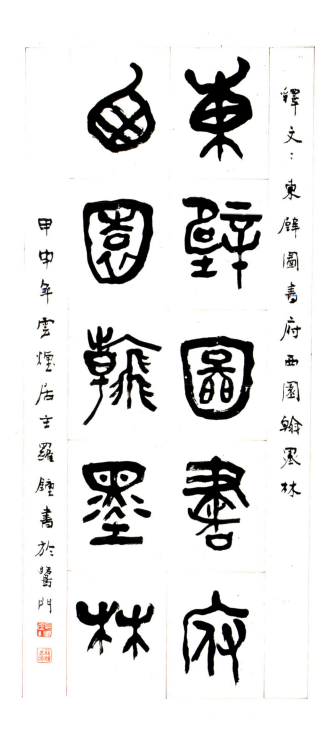

释文：东壁圖書府西園翰墨林

甲申年雲煙居主羅鍾書於瞽門

中堂　篆书　138cm×68cm　2004年

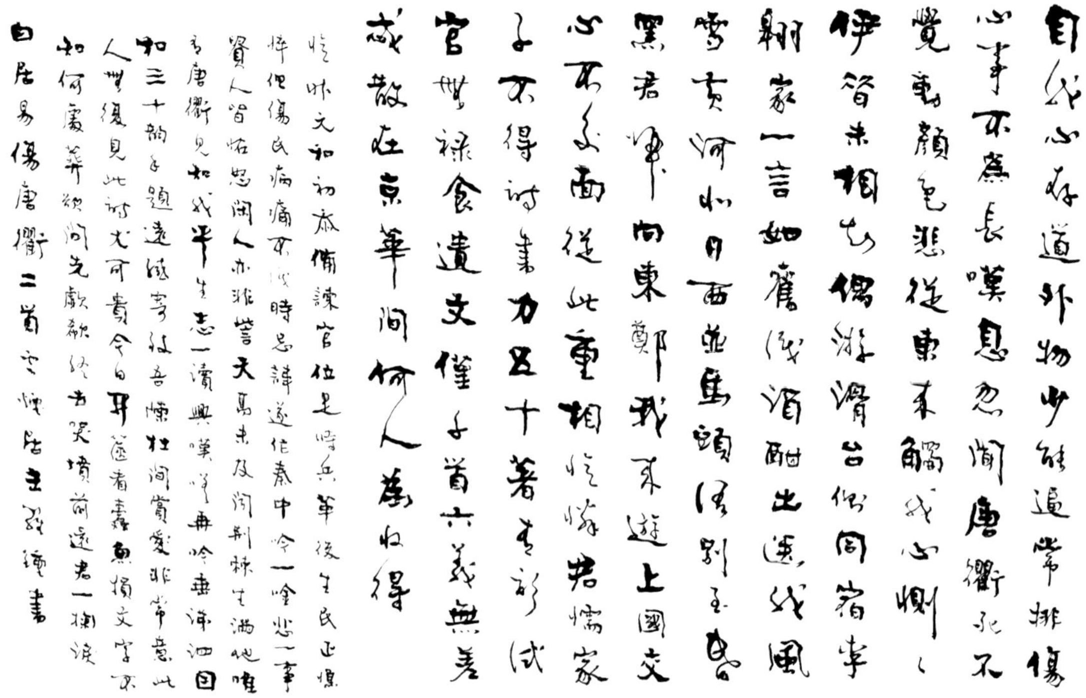

白居易《伤唐衢二首》 罗丹体 40cm×37cm 2005年

作 品

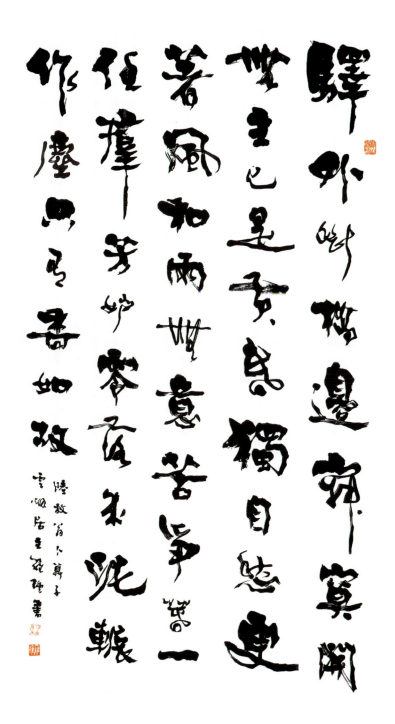

陆游诗　中堂　罗丹体　138cm×68cm　2007年

81

天地有正气，杂然赋流形。下则为河岳，上则为日星。于人曰浩然，沛乎塞苍冥。皇路当清夷，含和吐明庭。时穷节乃见，一一垂丹青。在齐太史简，在晋董狐笔。在秦张良椎，在汉苏武节。为严将军头，为嵇侍中血。为张睢阳齿，为颜常山舌。或为辽东帽，清操厉冰雪。或为出师表，鬼神泣壮烈。或为渡江楫，慷慨吞胡羯。或为击贼笏，逆竖头破裂。是气所磅礴，凛烈万古存。当其贯日月，生死安足论。地维赖以立，天柱赖以尊。三纲实系命，道义为之根。嗟予遘阳九，隶也实不力。楚囚缨其冠，传车送穷北。鼎镬甘如饴，求之不可得。阴房阗鬼火，春院閟天黑。牛骥同一皂，鸡栖凤凰食。一朝蒙雾露，分作沟中瘠。如此再寒暑，百沴自辟易。哀哉沮洳场，为我安乐国。岂有他缪巧，阴阳不能贼。顾此耿耿在，仰视浮云白。悠悠我心悲，苍天曷有极。哲人日已远，典型在夙昔。风檐展书读，古道照颜色。

文天祥正气歌 罗钟居士书于京华望京

文天祥《正气歌》 四条屏 罗丹体 2007年

扇面　罗丹体　2007年

团扇　魏书　2009年

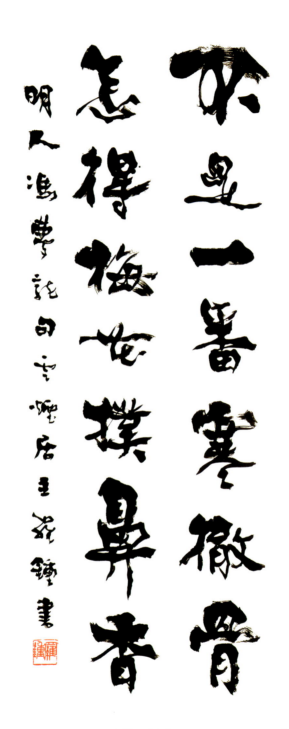

不是一番寒徹骨 怎得梅花撲鼻香

明人鴻夢龍句 辛卯煙店王於鍾書

条幅　罗丹体　235cm×95cm　2009年

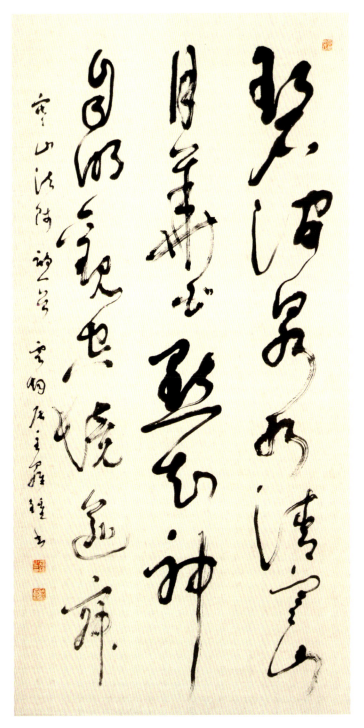

中堂　草书　138cm×68cm　2010年

对联 罗丹体 138cm×34cm 2010年

海为龙世界

云是鹤家乡

罗坤书于京华

斗方　魏书　68cm×68cm　2010年

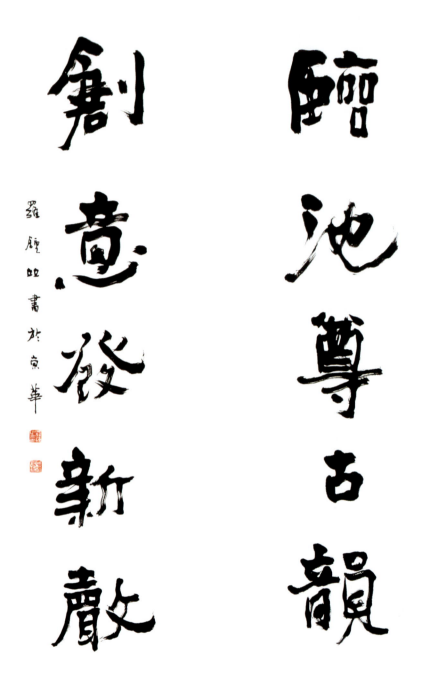

临池尊古韵

创意发新散

罗钟叟书於京华

对联　魏书　138cm×34cm　2010年

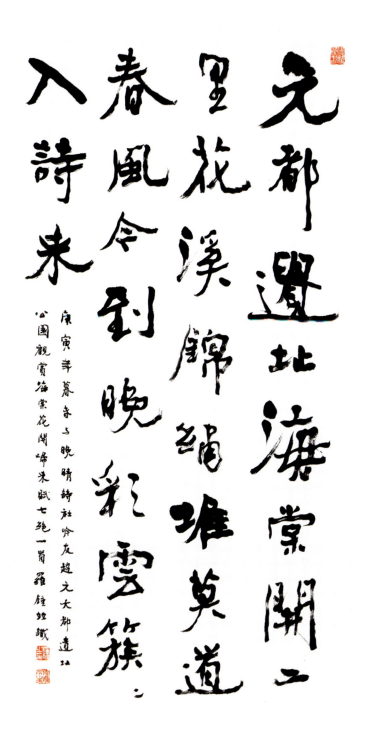

元都遺址海棠開了
裹花溪錦綢堆莫道
春風令到晚彩雲簇
入詩來

庚寅芳暮春与晚晴詩社吟友超之大都遺址
公園觀賞海棠花開婍朱賦七絕一首羅鐘並識

自作诗《元大都遗址公园赏海棠》 中堂 魏书 138cm×68cm 2010年

公瑾当年，小乔初嫁了，雄姿英发。羽扇纶巾，谈笑间，樯橹灰飞烟灭。故国神游，

多情应笑我，早生华发。人间如梦，一尊还酹江月。录东坡念奴娇赤壁怀古　辛卯　罗钟书于北京当代弘文书院

门第一九一八年戊午欧战告照筹共辅广，权庙以赞其予守尹鉴江自至曾精归商。造立国就此解才放丰宗捐资兄弟仁也学其归金归商广。府君子所宥树德为不後以独资为独资慕省款支百弹曾建始萧精共。夫惠堂忠愿小宗休魁天下为思归返祖宗之家扩曾高建。重堂不室在乎也由自建致侨一身兴远老其得闻省省难家广本国。斯祠以斯遗规孙重来惟来承书堂则数老宗思返祖宗意此仕仁也。尚寓室数十计以丰以宗为兄侄娱一家娱然而老宗思归及子生本此仕仁。隔室聚重数十典遣者人重父先启与骨十及口子孙本国仁。居室不重洋外蓋堂遗规予承书母难容犹侨孙意此仕仁也。寓重数以海外蓋堂规予来承先启谓若容犹建孙。而宗示故斯遗堂规来父承书堂则数书堂。小生隔宗故然遗规予来父书堂数若若。省数示宗典多外蓋規予来集父美先启诸後若容。其景因义嘉胜地敦本名谋而美妙实建庆。堂业义人有胜地以本人名而於实建邦後。相福信有可其敦本用记名要实。以告役人知世守云　云峰居士罗钟祥书

大江東去　浪淘盡　千古風流人物　故壘西邊　人道是　三國周郎赤壁　亂石崩雲　驚濤裂岸　捲起千堆雪　江山如畫　一時

横幅　隶书　330cm×40cm　2010年

歸來堂記　陳培錕識

《归来堂记》　横幅　隶书　320cm×90cm　2012年（现展示于集美陈嘉庚纪念馆归来堂）

91

横幅　罗丹体　367cm×144cm　2010年

横幅　隶书　罗丹体　180cm×56cm　2012年

四海思宾石辟传承

餘德澤五洲朝聖公

祠祭祀蘆馨香

第二十五届世界客属懇親會志盛 潘宸歐撰 羅健壽於京華

中堂　隶书　138cm×53cm　2012年

卖得鲜鱼百二钱
糯米炊饭放归船
拔来湿苇难烧着
晒在垂杨古岸边

郑板桥七绝渔家

罗钟书于京华望京寓斋

中堂　魏书　180cm×90cm　2012年

毛澤東少年所作
雲煙居主羅鐘書

中堂　魏书　138cm×68cm　2012年

95

辛弃疾词《永遇乐》　扇面　罗丹体　2012年

朱熹诗《偶题》　扇面　隶书　2014年

苏东坡词《江城子》　中堂　罗丹体　138cm×68cm　2013年

明月 澹泊志

諸葛亮誠子篇曰非澹泊無以明志非寧静無以致遠

煌朵澳洲烽朵索書，以此以應

雲煌居主於醫紅之畔時年七十

斗方　魏书　68cm×68cm　2013年

黄冈之地多竹，大者如椽，竹工破之，刳去其节，用代陶瓦。比屋皆然，以其价廉而工省也。子城西北隅，雉堞圮毁，蓁莽荒秽，因作小楼二间，与月波楼通。远吞山光，平挹江濑，幽阒辽夐，不可具状。夏宜急雨，有瀑布声；冬宜密雪，有碎玉声。宜鼓琴，琴调虚畅；宜咏诗，诗韵清绝；宜围棋，子声丁丁然；宜投壶，矢声铮铮然：皆竹楼之所助也。

节录宋人王禹偁黄冈竹楼记 癸巳季暮冬于游云馆居主书于京华望京

中堂　魏书　138cm×40cm　2013年

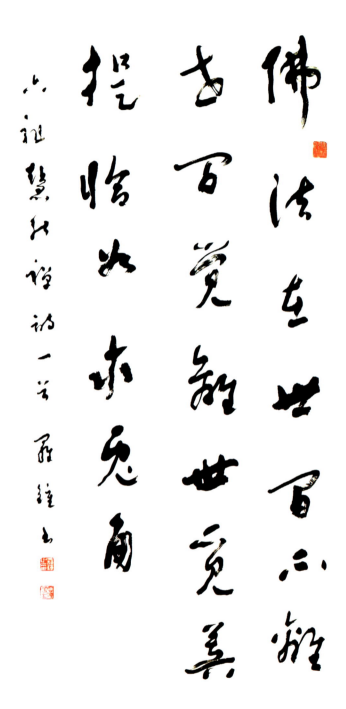

佛法在世间 百六十
去 百觉新世觉美
提临此求免角

六祖慧能禅诗一首 罗钟书

中堂　草书　138cm×68cm　2014年

蘭亭夢裡百回遊

水依稀禊事修此日

追懷臨聖地沈吟古意

韻悠悠

曾任調蘭亭 壬辰年譽隨廈門民盟書畫代表團赴紹興參觀交流調書法聖地觀韻事追思前賢感慨系之 甲午春日寶煙居主羅鐘書於京華

自作诗　魏书　180cm×90cm　2014年

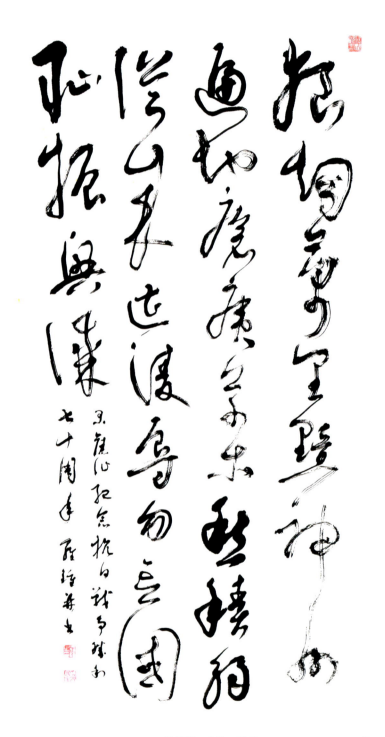

自作诗　中堂　草书　138cm×68cm　2015年

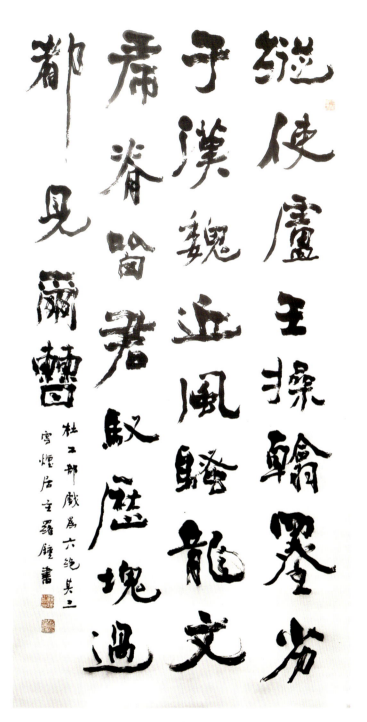

纵使卢王操翰墨 劣于汉魏近风骚 龙文虎脊皆君驭 历块过都见尔曹 杜工部戏为六绝其二 雪烟居主罗钟书

中堂　魏书　180cm×90cm　2016年

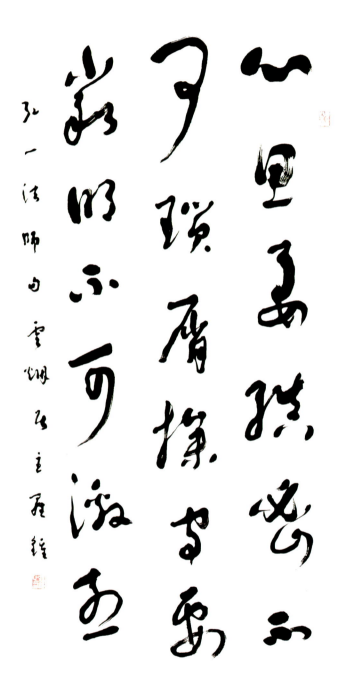

中堂　草书　138cm×68cm　2017年

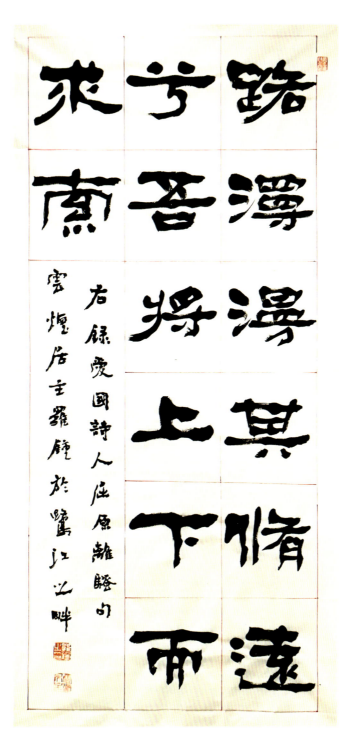

路漫漫其脩遠兮　吾將上下而求索

右錄愛國詩人屈原離騷句　寧煙居主羅鏵於鹽江之畔

中堂　隶书　138cm×68cm　2017年

聽魯璐女史箜篌獨奏音樂會

素手拂持天籟吟妙得

古韻賦新聲不古此曲人

閒有常為李憑魂夢驚

魯璐女史係吾友魯國民之愛女具精於箜篌藝術文化被譽為演奏型的學者學者型的演奏家為中國青年箜篌領軍人被譽為當代李憑其幸承臻而立雄飛如此成就前途無可限量可喜可賀也 丁酉初稬上澣雪煙居主羅鐘亞書

中堂　罗丹体　180cm×90cm　2017年

翰墨先求神韻勝

詩文寰重性情真

庚午初春福州三山詩社暨台灣詩人陳子波先生聯袂舉辦文墨第二唱折枝

詩會邀予杰豫遂以拙句應之不意忝竊獎榜回潮前緣追今乙庭廿七春緬感慨良

多矣期間嘗用隸草二體揮翰茲重喰窩句再命筆以魏書之以為他日之念耳

歲次丁酉仲秋檴之下瀞雪煙居主羅鍾書於鷺江之畔時年七十又四也

对联　180cm×45cm　2017年中堂

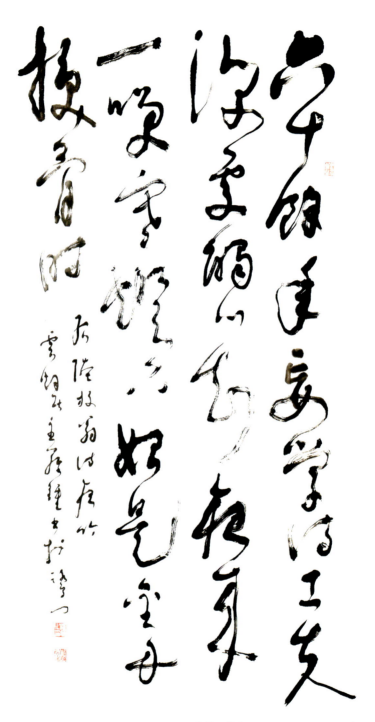

中堂　草书　138cm×68cm　2018年

直气森森耻屈

盘铁衣生溜紫

鳞乾影摇千足

龙蛇动影臧半

天风雨云苍藓

静缘离石上绿

落高附入云端

报言帝座榆

才者便作明堂

一桂看 宋人石延年七律诗古松

羣次乙亥仲夏之中游 雪峰居士之钟书於紫门

横幅　罗丹体　180cm×97cm　2019年

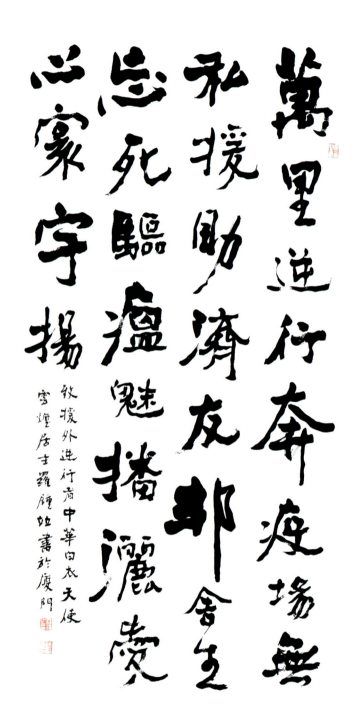

萬里逆行奔渡場無
私援助濟友邦舍全
忘死驅瘟魅搏癘燹
心家宇揚

救援外逆行者中華白衣天使

雪壇居主羅鐘竝書於廈門

自作诗　中堂　魏书　138cm×68cm　2020年

雄關漫道真如鐵而今邁步從頭越

毛澤東憶秦娥婁山關詞句

空煙居主羅鍾書於廈門

中堂　魏书　138cm×68cm　2020年

坚持真理坚守理想践行初心担当使命不怕牺牲英勇斗争对党忠诚不负人民 伟大建党精神 云怀居主罗钟书

罗丹体　138cm×68cm　2021年

罗钟所书碑刻作品

诗词

咏永安市花含笑

含娇浮笑靥，
袅娜舞翩翩。
何处寻芳影？
娉婷燕水边。

致永安市标设计者

群燕腾飞矗昊穹，
美君设意众钦崇。
朦胧最是迷人处，
惹得游人目不穷。

浣溪沙·永安石狮友好城市一周年暨两市书画作品展

友好攀交庆匝年，
燕城狮市乐尧天。
前程锦绣艳阳天。
美景良辰联翰墨，
银钩铁划映华篇。
双葩齐焕八闽妍。

燕江诗社成立

燕江诗事久湮沦，
今日重光岁序春。
四海深交文墨广，
八闽频奏玉声振。
犹欣耆宿才思捷，
更喜后贤开拓新。
美景良辰抒雅兴，
狂挥椽笔见精神。

砥东亭怀古

屹立澄江二百年，
砥东今日更娇妍。
举头欲睹大腔剧，
侧耳疑闻荆楚弦。
粉墨登场凭众赏，
家山系梦有谁怜。
壁墙题字依稀见，
戏曲源流细探研。

重阳石林游

岁岁重阳今又临，
登高鳞隐喜追寻。
巉巉叠嶂千姿美，
郁郁黄花三径深。
石洞寒泉疑幻境，
桃源活水涤尘心。
怡情最是湖山色，
引得诗人尽畅吟。

冠豸山留题[①]

冠豸群峰峻，
石门明镜幽。
挥题留故梓，
览胜亦风流。

雨中游石门湖

春绿平湖一镜幽，
探奇览胜踏波游。
石门烟雨迷人眼，
荡漾轻舟诗意遒。

鹧鸪天·首届敬老节
呈同座离退休诸翁

节称敬老定重阳，
举座吟侪乐未央。
华夏从来尊礼教，
于今风尚更弘扬。
文明盛，国运昌，
诸公功绩永流芳。
喜看夕阳无限好，
愿君四化发余光。

贺燕江诗社成立周年

记得去年花斗艳，
燕江也放一枝春。
今朝诗苑美如画，
远播馨芬点缀新。

瑞云洞笔会

瑞云古洞集时贤，
名胜逢辰貌倍妍。
文笔峰前开妙帧，
青狮楼上奏清弦。
沙溪风韵群公擅，
石案诗篇万古传。
今日云从参盛会，
好同山水结良缘。

水操台怀古

却驱荷虏声威震，
复整金瓯贯日忠。
国姓丰功垂万世，
水操台上仰雄风。

①戊辰夏，应邀参加龙岩文史会议，与会者同游连城冠豸山风景区，故乡湖光山色，足以驰目骋
怀。

115

**郑鸿善词长：承厦门诗词学会
惠聘永远名誉会长，愧领谨谢
长句索和**

步原韵奉酬

喜听唐音播五洲，
鹭江有幸识贤俦。
琼章使我胸襟阔，
骏业羡君德望优。
"瀛海诗声"① 颂雅韵，
艺坛瑰宝壮华楼。
欣逢舜日骚风盛，
骥尾追随亦足悠。

郑鸿善原玉

鸥鹭相逢白鹭洲，
临风投契结吟俦。
河山明丽人文盛，
时代更迁景物优。
翰苑诗骚多俊哲，
嘉禾尘肆遍高楼。
词坛胜会蒙宣召，
我欲追陪天海愁。

香港回归祖国感赋

自古香江华夏地，
英夷百载逞淫威。
若非今日雄狮醒，
哪得明珠完璧归。

访梵天禅寺

探古参禅访梵天，
千年宝刹换新妍。
善缘广结法轮转，
香火绵延世运迁。

澳门回归感赋

积弱蒙羞耻，
离愁四百年。
中华今崛起，
澳岛五星悬。

游龙岩登高山公园

玉笋峥嵘秀，
岚光灿碧霄。
临风凌绝顶，
缥缈脱尘嚣。

---

① "瀛海诗声"为《环球晚报》副刊栏。

浣溪沙·厦门市民盟
成立五十周年

五十年华岁月稠，
惠风和畅萃名流。
峥嵘骏业赖贤俦。
沥胆披肝商大政，
励精图治展鸿猷。
和衷共济喜同舟。

庚辰重阳敬老节雅集
呈同座诸翁

重阳盛会喜相邀，
妙笔题膏兴致饶。
欣看群翁豪气在，
玉声阵阵入云霄。

步郑鸿善词长《重过鹭门
黄会长拔荆教授各位词长》

识荆艺苑幸三生，
锦句遥颁忆旧盟。
热爱家山施善事，
弘扬国粹见真情。
腹藏诗卷五车富，
誉饮骚坛百卉荣。
翘首怀君天海隔，
催将翰墨寄心倾。

郑鸿善原玉

欣逢吟侣快平生，
为有苔岑契雅盟。
小集市楼同语笑，
惠临迟夜见深情。
鹭江景物呈新翠，
震旦河山更向荣。
又作嘉禾萍水客，
重游故园最心倾。

游万石岩

万石巉岩神秀钟，
松声竹影百花浓。
跻攀拾翠寻幽径，
绝顶回眸天海融。

施琅诞辰380周年感赋

是非褒贬久纷争，
大节小疵应理清。
靖海宁疆匡社稷，
版图一统史留名。

咏白鹭洲音乐喷泉暨露天舞池

妙音穿夜空，
七彩映泉中。
我欲因之舞，
翩翩乐趣融。

观画家林岑翁指墨画

美君书画诗三绝，
尤喜丹青一指禅。
卓荦风神金石气，
潘公① 有晓亦怡然。

悼郑鸿善词长

瀛海诗声忆唱酬，
玉章雅韵尽堪传。
惊闻骑鹤归西去，
遥望南天暮雨愁。

观画家白磊写意花鸟画感赋

墨色交融变化新，
淋漓水气足奇珍。
迷人最是朦胧感，
创意如君有几人。

癸未中秋厦门（鼓浪屿）博饼文化节

中秋之夜婵娟舞，
海上花园月正明。
博饼欢声诗画里，
天风鼓浪叙乡情。

厦门——佐世宝友城二十周年暨第四届美术作品交流展

缔结友城迎廿年，
再修翰墨续前缘。
喜逢吉日抒豪兴，
挥洒云烟百卉鲜。

六十抒怀兼咏个人书展

飞霜染鬓臻花甲，
半世蹉跎百虑牵。
旧梦早随时日逝，
新欢未改翰池颠。
燕江寄寓赢虚誉，
鹭岛归根娱晚年。
书展今朝零起步，
壮心未已更扬鞭。

---

①潘公指一代书画大师潘天寿，擅指墨画。

白鹭洲菊花展

众菊争芳白鹭洲，
雅娴倩影水中游。
芬馨扑鼻怡心目，
最爱后凋高洁留。

海棠艺术诗酒会

海棠笔会群英萃，
挥翰吟哦各惬然。
墨韵诗情樽盏满，
韶光共绘亦神仙。

咏寿山石章

印章积贮未嫌多，
国石精雕意若何。
最爱寿山资质好，
点睛书画共融和。

听鲁璐女史箜篌独奏音乐会

素手拂弦天籁鸣，
妙将古韵赋真情。
不知此曲人间有，
常教李凭[1]魂梦惊。

北京奥运会感赋

五环彩帜京城展，
夺冠争雄壮志伸。
不是神州今崛起，
哪得百载梦成真。

壬辰暮春随厦门民盟书画代表团赴绍兴参观交流并参谒兰亭圣地

兰亭梦里百回游，
曲水依稀禊事修。
此日追怀临圣地，
沉吟古彦韵悠悠。

庚寅暮春与晚晴诗社吟友雅集海棠花溪采风

元都遗址海棠开，
二里花溪锦绣堆。
莫道春风今到晚，
彩云簇簇入诗来。

题韵古斋

旧日凄凉谷底埋，
今朝出世誉江淮。
满城渭玉谁家好？
尽在三郎韵古斋。

---

① 李凭为唐宪宗时期宫廷乐师，善弹箜篌，名噪一时。

贺洪亮先生书画艺术馆开张

京华传艺志当酬，
画印书文艺韵悠。
化雨春风今又是，
笔花犹望灿金秋。

忆江南·有感于"罗丹体"

挥椽笔，
落纸起云烟。
临帖摹碑皆旨趣，
标新立异独为鲜。
罗体史无前。

**步谭南周①词丈
《七十生日即句》韵**

诗坛擎帜一诗颠，
击节豪情似盛年。
索隐探幽邀俊彦，
濡毫向夕起苍烟。
多君雅韵呈嘉句，
愧我芜词入旧笺。
携手同修中国梦，
清吟鹭岛晚霞天。

谭南周①原玉

身误儒冠霜染颠，
韶华惊入古稀年。
珠湖歇浦频飞梦，
昔景虚名半逐烟。
秋色满城怜夕照，
银灯一盏写新笺。
时人如问闲居事，
尚有情怀未负天。

咏厦门市花三角梅（一）

谁持藤蔓舞风前，
三角梅开鹭水边。
姹紫嫣红情万种，
惹来骚客思联翩。

参观中国四堡雕刻印刷纪念馆

林立书房三百年，
神工雕版各芳妍。
浩繁卷帙扬华夏，
四宝遗珍美誉传。

---

①谭南周为中华诗词学会理事，福建省诗词学会第四、第五届副会长，厦门市诗词学会会长，原厦门市教育科学研究所所长。

采桑子·论书

论书不是无评法，
赏各由人。
析各由人，
最爱自然情趣新。
涂鸦欺世洵可恶，
形不真纯。
神不真纯，
八法须遵士气伸。

折枝诗

"求索"第二唱

愿索云山谈韵事，
还求文字祭忠魂。

"文墨"第二唱

翰墨先求神韵胜，
诗文最重性情真。

"石林美"碎锦格

一夜春风侵石骨，
满园美景溢词林。

对联

1993年，《厦门日报》登"浪琴苑"楼盘征联，以鹤顶格"浪琴"为题。予以鹤顶格再加雁足格"锦隆"（开发商公司名）应之：

浪花织彩，帆影浮天，
筑第海滨添绣锦；
琴韵怡神，葩馨侵院，
择居福地永昌隆。

游金榜公园

寻钓矶，访石室，
场老当年留雅韵；
觅题字，览碑文，
紫阳曾此赋华篇。

怀邓公

审时度势挽狂澜，
匡世功勋昭日月；
沥胆披肝谋伟略，
富民恩泽沐山河。

纪念郑成功东征340周年

驱除荷虏，
水操台上长存浩气；
收复金瓯，
皓月园中永慕雄风。

为厦门植物园景点撰联

（一）静远亭

千重翠色拥黉宇，
数点白鸥腾海云。

（二）观海亭

骋怀岩壑云霞近，
放眼烟波天海融。

（三）滴翠亭

万壑林花萦曲径，
一湖春色泛幽亭。

贺卢善庆先生八秩华诞

学子满园名教授，
华章万卷大文人。

厦门筼筜书院五周年

五载荆榛开绛帐，
满园桃李拜春风。

贺《厦门收藏名家》出版

盛世收藏添雅韵，
闲时玩尝品高情。

厦门特区建设四十周年志盛

万年铸梦，
雄狮醒孔震环宇；
卌载鼎新，
白鹭腾飞唱大风。

中国共产党百年华诞

黎民共筑中华梦，
赤帜深怀民族魂。

致抗击新冠肺炎疫情的
白衣战士

播爱心，
救死扶伤奔一线；
驱瘟疫，
逆行壮举炳千秋。

第三辑　文章

"南社闽集"事略

罗　钟

　　南社是辛亥革命时期在民族革命旗帜下组成的进步文学团体，社名取"操南音不忘其旧"之意，鼓吹资产阶级民主革命，在反清反袁反军阀斗争以及响应新文化运动中都起着积极作用。南社在中国近代文学史上占有重要的地位。

　　南社由柳亚子、陈去病、高旭等发起，始创于1909年，第一次集会是在苏州虎丘张东阳祠，社友只有17人。早期的参加者多为同盟会成员，其后社员发展到千余人，一时海内名流学者多聚集在南社，求友声、励气节，嘤鸣相应，发行《南社丛刻》，赋诗言志，鼓吹革命。当时上海是全国文化中心，而各种报纸杂志的笔政，多半是由南社社友主持。柳亚子曾得意地说过"请看今日之域中，竟是南社之天下"，可见其影响之大。由于南社社友分散于全国各地，因而各地也相继立社，如淮南有淮南社，沈阳有辽社，广州有粤社，浙江有越社，长沙有南社湘集，彼此之间桴鼓相应。

　　抗日军兴，福建省会内迁永安，一时文人荟萃，永安成为当时东南的文化名城。1941年，刘建绪由湖南到永安任福建省主席，有南社湘集社人罗尔瞻、张开琏、朱玖莹、何扬烈等随来永为僚属。其时南社宿将朱剑芒（吴江人，柳亚子同乡）亦由上海辗转来到永安任监察院审计部驻外稽查兼福建审计处第三组主任，他经常在一些报刊发表充满爱国激情的诗文，报上称之为"爱国老诗人"。1942年10月，南社社员、一代高僧弘一法师（俗名李叔同）在泉州不二祠温陵养老院圆寂，朱剑芒在报上发表了悼念弘一法师的四首七绝诗，其中第三首有"廿载神州南社史，更无人继第三僧"句，系兼吊诗僧苏曼殊。这几首诗引起了社会的关注，许多人由此知道朱剑芒与南社的关系，常有人来造访或从外埠写信探问南社的情况。因此，朱剑芒便在《人报》（系浙江人杨仲持主办，他与当时流亡在西南各地的许多文化人都有联系）连续发表《南社感旧录》。

当时，南社在福建的社员只剩下福州的林之夏、上杭的丘荷公和丘潜庐三人。朱剑芒入闽后，即与他们取得联系，常有书信来往，或互酬诗作或互通信息。永安的诗友知此情况，便一再怂恿朱剑芒出来组织南社闽集，而他深感"国难严重，自己尚在度流亡生活，又没有柳亚子那样的才力和声望，不足以号召，还想到南社结束已久，今天再来继承南社组织，那真所谓开倒车"，其时朱剑芒与重庆柳亚子常有联系通信，柳亚子也表示："南社已完成历史任务，旧社员中人鬼异途（指汪精卫等已堕落成汉奸），不宜恢复云。"因此，南社闽集成立一事遂寝，而朱剑芒便开始撰写《南社人鬼录》。

南社闽集虽然未正式成立，但诗事活动尚属频繁。当时罗丹（字稚华，福建连城人，书法家）在永安桥尾开办风行印刷社，他性耽声律，又好交游，以朱剑芒为首的一班诗友常聚集于罗丹印刷社后面的寓所——燕尾楼，彼此之间以社友相称，外界也称他们为南社组织。他们每次聚会，多则二三十人，少则五六人，其中有的是政界要员，如教育厅厅长郑贞文、财政厅厅长严家淦等都是燕尾楼的常客。严家淦读初中时是朱剑芒的学生，时虽位居要职，对朱仍以师礼事之。

诗友中不乏擅长翰墨丹青者。罗丹是书法家，朱剑芒亦工书画，在吟哦之余，还经常挥毫泼墨。如1944年元旦一次雅集，朱剑芒画兰，罗丹作诗挥毫题之："一笔复一笔，笔笔生新姿。诗心入莽荡，腕底呈瑰奇。万里江山滋草木，渺渺予怀在空谷。无边喜气写春风，几人高会青山麓。"观者无不称妙。

南社多酒人，永安诗友中亦多酒人。有人评朱剑芒为狂人之酒，罗丹嗜酒也是闻名的，他们与其他两位诗酒文友被誉为四大金刚。罗丹在《稚华诗稿》自序中有句云："抗日军兴，内迁永安，与酒为徒，以诗为命。"所以他们每次雅集都是以酒助兴，尽饮而欢。如1944年上巳，诗友集于羲和山朱剑芒新居修禊，朱剑芒拈"申"字作一五律，又代其夫人王湘君作一首："燕尾获至乐，词句写甲申。情挚无轩轾，人高有屈伸。安恬屏俗客，奔竞笑群偏。一样成良会，兰亭迹更新。"罗丹分韵得"禊"字，诗云："岁序及春三，迅雷雨初霁。挈榼溪桥来，诗人易新第。飞觞涤俗襟，风和日且丽。酒令严于军，催花鼓忽滞。拈韵杂喧哗，豪情难遏制。雅事托羲和，高文继修禊。"是年5月，吴茀之（浙江浦江人，书画家，也工诗文）由重庆来永安寓罗丹燕尾楼，出示近作，罗丹次韵答之："不尽嘤鸣求友声，杜鹃时节故人行。棠花峡忆攀崖趣，燕尾楼悬把盏情。桃李凭君开灿烂，琅玕许我裹空清。艰难蜀道自兹去，万里相思一雁横。"其间，吴茀之画一墨竹横幅赠罗丹。"文革"前罗丹将此幅画转赠予我。

1945年上巳后一日，又一次雅集于燕尾楼，罗丹作诗有序："……集燕尾楼修禊，一楼诗酒，灯火万家，亦快事也。"可见当时许多诗友与酒结下不解之缘。

诗友中，朱剑芒、罗丹、朱大炎（原中共嘉兴地区负责人，当时由浙撤退下来）三人相从最密，成为莫逆之交，经常有诗词唱和，笔者曾在罗丹家处看到一张他们三人于1944年6月在永安的合影，照片上印有罗丹用隶书题"三生幸遇"四字。

他们三人还同办《长风报》。对此，民国33年（1944）7月7日《中央日报》福建版有一则报道："永安文化界人士朱剑芒、罗丹、朱大炎等筹组《长风报》，创刊号业于本日（七日）出版，为三开中型，每份定价三元，内容尚称充实，闻该报将于（七七）会中分赠各界。长风报社址永安桥尾。"因为创办了《长风报》，朱剑芒原在《人报》连载的《南社感旧录》便转到《长风报》发表。

罗丹生前曾多次对笔者提及朱剑芒。罗对朱的道德文章极为钦佩，把朱当为良师益友，称之"我极为倾倒之诗文前辈"。鉴于当时古碑帖的匮乏，罗丹曾精心双钩一本《张迁碑双钩本》印刷出版，朱剑芒以精美的篆书为扉页题署，并作一长跋极力褒赞。笔者现今还珍藏一本当时出版的《张迁碑双钩本》，这是20世纪50年代罗丹赠送的。罗丹还告诉笔者，《张迁碑双钩本》出版后，潘主兰（金石书画家，当时也在永安）曾撰书五古长诗横幅颂之，可惜因多次迁居而遗失。20世纪70年代末，笔者第一次在福州仓前街拜谒潘主兰时曾提及此事。因事隔近40年，我问他是否记得全诗，他说自己作的诗岂能忘记，并允诺有空时抄录给我留念。嗣后虽多次晤面，但见他年事已高，且书画事繁多，不忍再提及打扰。而后时过境迁，斯人已矣，遂成憾事。还有一次在潘主兰洋下新村府上，谈及南社之事，他从卧室里取出一幅画，是其先严潘茂三手持兰花的画像，上有朱剑芒的题词："社友潘君主兰以其尊人茂三丈遗像属题，为填《望湘人》一阕，自惟匏系，故不觉其言之概也。"潘主兰视此画为传家宝，一直珍藏着。

此外，朱剑芒还介绍罗丹与柳亚子认识。"文革"前，笔者在罗丹卧室床头柜上看到一张柳亚子一家人的照片，罗丹在照片下加注："此为1944年柳亚子先生自重庆寄赠之影，由朱剑芒介绍，函札往来数次，彼此互换相片，但惜无一面之缘耳。"

在日寇日暮途穷、濒临全面崩溃之时，永安已没有空袭，诗友彼此来往更频，经常又聚集在罗丹的燕尾楼。谈到组织南社之事，大家认为，自日寇侵华以来，不少知识分子丧失气节，甘心当汉奸、做顺民，在历史上留下了极大的污点，但绝大部分文化人虽没有上马杀贼的力量，而能洁身自好，始终保持清白，也是可贵的。南社以提倡气节为主，在此时期，将同心同德的同志组织起来，相互砥砺，还是必要的。因此，决定成立南社闽集。为了筹备南社闽集的成立，当时在尤溪的陈瘦愚（南平人，南社湘集社员）还专程从尤溪赶来永安，寓罗丹的燕尾楼近半个月进行筹备工作。

1945年旧历五月初五（时称是日为诗人节），南社闽集在罗丹的燕尾楼正式成立。当时参加者共有17人，和旧南社在虎丘成立时人数恰好相同，这是有意仿效旧南社抑或纯属偶然，不得而知。参加盛会的除了朱剑芒、罗丹、朱大炎外，还有林霭民、胡孟玺、陈瘦愚、姚景堪、田子泉、高伯英、周召南、张炯、潘希逸等，籍贯有江、浙、皖、赣、湘、桂、粤、闽八省，所以潘希逸在1985年出版的《孟晋斋诗存》中，有"南社曾经创闽集，东南八省会群贤"之句。因为朱剑芒是南社旧社员，深孚众望，大家公推他为社长，推罗丹为副社长。朱剑芒社长即席赋诗一首，题为"南社闽集第一次雅集呈同座诸君"："日月重辉世运新，客中高令际芳辰。好凭南国人文盛，再续东吴社事频。我向开天温旧梦，谁从尘海话前因。卅年一部沧桑史，聊佐当筵酒几巡。"其他社友亦步韵唱和，潘希逸以《步朱剑芒社长韵乙酉诗人节》一诗奉和："挥毫珠玉羡清新，手盥蔷薇拱北辰。文物东南萍水聚，年光今古去来频。龙晴破壁惊神韵，鸿爪留泥证凤因。况是端阳逢竞渡，临江酾酒几逡巡。"罗丹副社长则出示其所作书画多幅以助雅兴，到会社友还摄影留念。

只过两个月，日本宣布无条件投降。不久临时省会的机构团体陆续迁回福州，社友中许多在省政府机构任职的，即随单位回福州，不在单位的即各自回乡。罗丹在福州光禄坊置有一座房屋，因而将永安桥尾的风行印刷社迁往福州继续经营，南社闽集也随之迁到福州。罗丹把房屋后面辟为寓所，称之"慧庐"。罗丹（慧印）年轻时在厦门与虞愚（慧心）、蔡吉堂（慧诚）、黄秋生（慧灯）四人皈依太虚法师，同为佛门居士，属"慧"字辈，故称。

南社闽集迁到福州后又吸收社友二十余人，经常在罗丹的慧庐雅集。如丁亥荷花日（1947年农历六月二十四），任之、武公、小迁、宾杜、瘦愚、孟玺、伯英、南史、冰玹诸子集慧庐为诗。任之走笔画荷，诸子分韵留题以"中通外直香远益清"为韵，罗丹得"外"字，其题荷花诗云："袅袅风裳绿云盖，长身欲束康成带。问渠那得此苗条，道玄后人真狡狯。亭亭倒影碧蓝天，洛水仙人奚足最。黄须不是虬髯客，玉臂舒来散醛褐。清波荡得天心红，装成粉靥娇无奈。为君生日几人来，寻君欲出江城外。"社友亦常三五人结伴外出同游，并赋诗唱和。罗丹有诗为证：《与瘦愚、孟玺踏月南体育场，翌日孟玺诗来谨步原韵》："短服闲行记昨宵，玉阶清悄坐长寥。参天一柱情同矗，拂面微风暑半消。已薄功名从所好，是佳山水愿相招。云盘月窟初更后，夹陌分裾影并摇。"《武公父子、瘦愚、孟玺同约夜游西湖，仍用孟玺原韵》："抱月来游湖上宵，天涯有客共幽寥。烟波正好甘霖歇，块垒何劳浊酒消。七泽词流公巨擘，三山风物我先招。谈玄说鬼夜将半，归路萧萧高柳摇。"《卢秋卿招饮小西湖仍用前韵》："千山落日又良宵，古寺虚堂坐沉寥。客面好从灯下见，湖容渐向望中消。波翻月魄愁俱破，夜静诗魂冷自招。瑟瑟名园数行树，微吟孤峭入飘摇。"据闻有一次诗友假福州城北龚氏花园环碧轩雅集，但具体情况不详。

1947年，朱剑芒调任上海。1949年前后，罗丹将风行印刷社迁回厦门。罗丹离开福州后，社友也就星散了。

南社闽集的这段史实，反映了南社和福建的一段因缘，时间虽短，却弥足珍贵。

原载于《素心》《福建诗词》《福建乡土》

甘醇清澈　儒雅隽永

——傅一民和他的书法

罗　钟

　　1991年初，我从外地调回厦门，在市政协工作，当时的市政协学习宣传委员会副主任是位不到30岁的年轻人，他就是现任厦门市民政局副局长、市书法家协会常务理事、市政协书画室成员傅一民先生。在与傅一民的接触中，我发现他虽然是厦大历史系毕业的，但是对书法深有研究，谈起历代书法家及其作品如数家珍，颇有精辟的见解和独特的感悟，再观其出示的书作，传统功力扎实，气格不俗。

　　原来，傅一民从20世纪80年代初即开始学习书法，楷书由颜柳入门，打下坚实的根基，后又临习隶书《礼器碑》、魏碑《龙门二十品》和"二王"行书。因喜黄庭坚纵横捭阖、舒展大气之风格，对黄庭坚情有独钟，致力最勤，数载临池不辍，在书法展览中亦多以黄庭坚的行书字体示人，受到行家的赞许，从此崭露头角。嗣后，他发觉黄庭坚个性特别强，恐日后不易跳脱，遂又转学于右任、来楚生、潘天寿等近代一些大家，广泛吸收众家之长，为他所用。

　　近几年来，傅一民又潜心于草书的探索。草书任意挥洒、不拘行踪，表现力最强，最能见书法家个性，亦是最难驾驭的一种书体。草书创作，除了必须谙熟草书法度和娴熟的笔法技巧之外，最主要的是还需具有激情和才气。没有激情，就没有活力和变化；没有才气，就缺乏内涵，格调亦不高，而激情和才气则源于对书法的长期积累和感悟。

　　傅一民是学历史的，对历代书家的创作时代背景及其风格有深刻的理解，加上平时爱读书，特别对哲学、美学、书学、书论更为用心，善于思考，不人云亦云，而是以理性的批判眼光分析名家的优劣，择善从之。

　　傅一民对于适合他风格的书风大胆吸收、融会贯通，对于他喜爱并且已经上手、但不适合日后长期发展的书风，则毫不犹豫地忍痛割爱。所有这些，熔铸了他创作草书的激情和才气，形成了甘醇清澈、儒雅隽永的风格。

此幅行草对联"书存金石气，室有蕙兰香"（见图）是傅一民的近作，迎面扑来的是一股清新俊逸之气。它章法跌宕奇崛、随势布局，取法潘天寿；结字蕴藉简约、古雅隽永，得益于于右任；线条则得力于来楚生。线条是书法艺术的生命，诚然书法表现不全在线条，还有章法、结构以及表现的神采和格调，但是线条的质量对作品的成功与否起着决定性的作用。傅一民书法作品的线条蕴含着奔放的张力，细微之处可见来楚生潇洒俊逸的韵致。

南齐王僧虔曰："夫书道之妙，神采为上，形质次之，兼之者，方可绍于古人。"傅一民深悟此理，他博采众长，以神韵取胜，在创作中力戒浮躁，从容挥洒，追求轻松自然，无矫揉造作的俗态。因此，通观整幅对联，行云流水、气畅神通、神采超逸、甘醇可人，洋溢着洒脱的书卷气。由此可见，书者是情胜于境，意胜于形，意境与书境十分谐调，给人悠闲静谧之感。

傅一民最近对我说，他又在攻习黄道周的书法。我想这是一个非常可喜的现象，一个书法家只有不断地探索和追求，他的艺术生命才有活力。愿傅一民在不断探索的道路上攀登新的高峰。

原载于2006年12月21日《厦门日报》

▲ 傅一民书法作品

粲然室¹里墨香盈

罗　钟

　　书坛驰骋负声名，篆隶双辉照眼明；笔下翩翩金石气，粲然室里墨香盈。

　　少翁君书名遐迩，书法擅多体，尤精篆隶，篆书游于钟鼎，神采醇厚温润，雍容华贵；隶书尊汉碑，并渗入先伯罗丹先生之笔意，韵格遒丽秀逸，清新典雅。无论篆隶，君皆以其功力深厚之篆刻刀法出入乎间，不啻金石气息，诚足可贵，藏者珍之。欣值君书法集梓行，爰赋一绝，以申贺悃。

岁次辛卯年仲夏下浣云烟居主罗钟于京华望京

▲ 刊于福建美术出版社出版的《翁铭泉书法作品选集》

---

① 粲然室为翁铭泉（少翁）的书斋名。

第四辑　社会评价及其他

一封半个多世纪前的信

——罗丹给罗钟谈笔法和学诗心得

罗　丹

钟侄：

　　来信早悉。因天气炎热，不思执笔，亦由于生理退化关系，近来晚上八点多钟就想睡，所以一直提不起精神来写信。同时近来替白启谟写一本毛主席诗词，全用隶书，觉有新意，想乘兴写几张给你，可是纸已用完了。启谟说过几日会再拿些纸来，因而延宕至今才来作复，谅之！

　　白启谟说，我的隶书已大有变化，和从前所写的隶书比确是有不少进步，大概是旧年研习之功。我心然其言，自思如能天假我年，今后还思继续深造，以期不辜负此生。一个人生存时间无非几十寒暑，如有一艺之长，留些手迹给后人模仿，少走弯路，未始不是一桩快意之事，惜几十年来都庸庸碌碌地过去，虽有不少人间瑰宝供吾钻研，都憾没有专心去悟精悟透，徒然征逐于轮廓形似，便以之应世，博一虚名！到这几年来才知不只是形似，主要是神似的道理。经过旧年几个月的摸索，尤其是从两爨碑帖中得到不少启发，才算入到书法之门。

　　白君年少多才，能知此中甘苦，他的话是对的，但是我毫不自满，相反总觉得眼高手低，写起来还不能尽如人意，每有力不从心之叹。因此不甘老大，还抱着一股童心，跃跃欲试，总想把古人的长处纳入我的笔下。这点用心我看也可以促进你们年轻人的学习兴趣吧！你来信中有一段话很好："一切艺术看起来都很神秘，其实，一钻到里面也没有什么。"有这种悟力就是钻研学问的无穷动力，一般人一开始兴冲冲地大有劲头，过不多久便又泄了气。他们就是没有悟到你所说的这点道理，但是诚如毛主席所说的，我们从战略上要貌视一切敌人，战术上要重视一切敌人。你的悟性之言是属于战略方面，讲到战术方面，就要重视一切敌人——就是说每一艺术都要深深地钻进去，重视它，狠狠地抓住它，一点都不能放松，总要悟出其中道理，把它化作我们本身的东西，能方能圆，能放能收，能大能小，一句话，要活学活用，要掌握古人的真髓，先求形似，后求神似（所谓神似，就是看去不大像，仔细体察下来，觉得一点一画都得前人真髓），要学一点用一点——先学一两遍全帖，然后用它的笔意写另外的文字，写后拿来对照一下，看得到的是哪些，还有距离的是哪些。这里要注意，得到的牢牢抓住它，不得使它溜掉，没有得到的继续捕捉它，把它融化在自己的血液中。这样的学习，进步很快，抓得也牢，不易溜掉。以上是我对模仿碑帖去杂存精的经验，你体其味试行之。

读古书，每有古人学习谁家笔法的说法，过去对这句话总不理解，心想执笔写字，无非这么一回事，哪有什么笔法可言。自从去年精研于魏碑以后，对于笔法，我开始有所认识了。所谓笔法，就是用笔的方法。同是一支笔，如果研究它经什么角度着纸，着纸之先与着纸之际，对于笔势要如何抑扬顿挫，才能收到优美效果，这中间确有非常微妙的地方。能从古人的碑帖中发掘出这些秘密，确不是一桩容易的事，一定要有好的、丝毫不走样的版本才能窥测出其中的笔触变化来。如果有一人已经掌握它的秘密，当面传授，这便是面授笔法了。我研究《张黑女碑》中的竖笔，发现它的下笔与现代的写法不同。悉心摸索之后，才豁然贯通。

你那里应有该帖的双钩本，你不妨取来看看，如第一页"昔在中叶"的"中"字直竖，它写成"中"，你注意它的下笔顶端似微凹形，这种写法是笔刚着纸之后，迅速把笔朝右上角一顶，然后使笔锋铺平下来，这是唐朝以前书法的特点，唐以后的下笔都失掉这种用势了。我们现在写字竖笔都是右上角斜下（如"中"字就是这样，余类推），唐以前是一定要回护到右上角去，这里有大道理在焉，像现在的写法，所得的效果，只是使笔锋往中竖的左边直下，右边的笔毫便裹下来，没有平铺，如照魏碑的写法，由于笔势朝右上角一顶，它的笔锋便平铺直下，没有一边被裹住的毛病。这样一来，劲足了，笔也挺了。

我把这点规律拿来衡量其他魏碑，都是如此，上溯到隶到篆也都无不如此。这里才悟出古人的所谓笔法，想来是这样奥妙的玩艺。我把《张黑女碑》的其他方面，如"并州刺史"的"并"字的右点"〵"，如"河北陈进孝女"的"女"字的第一笔，如隔行的"便是璟（古同'瑰'，下同）宝"的"璟"字上竖一笔，如"既雕桐枝"的"桐枝"两字的竖笔等，都是这一规律，其他还有很多类似这样的竖笔都可追寻得到。此外《张猛龙碑》《爨龙颜碑》《爨宝子碑》俯拾皆是。暇时你不妨试行研究。这样一来，字画便觉得更挺健沉着了，从前的软弱毛病都渐能去掉。

我们常说"笔从逆"，过去只知道逆一下就算，没注意到只是逆到笔锋朝左一边，忽略了把笔锋向右上角再一顶的奥妙，所以写出来的字，竖笔都是左上角高，右上角低，说来没注意到这便是"偏锋"，现在明白写这一笔的时候，在笔着纸之际，把笔迅向右上角顶一下，然后才下垂，这一动作非常微妙迅捷，不解内中奥妙的人几乎看不出来。我们想想看，笔锋刚着纸时，毫末是向左，笔身是靠右边，经过向右上角一顶之后，笔锋自然转到画的中间，然后万毫齐力地直刷下来，何等淋漓畅快啊！这种写法，就是所谓方笔。我想，学写过程中定须掌握方笔的道理，等到熟了之后，行无所事地随意涉笔都成妙趣，才达到炉火纯青的境界。这时只要把棱角去掉，体会"以锥画沙"的道理，便自然而然地成为圆笔了。

对于逆笔左右角都到的道理，唐初的欧、颜还有遗迹可寻，宋朝的苏东坡、黄山谷也还多少有遗意，到元朝的赵文敏便抛弃尽净了，所以赵字软弱得很。明朝的黄道周可说是极难得的一个书法家，他对于这种道理完全掌握住。清末的郑孝胥也颇有这种笔意，不过不全用，掺杂用之，所以时露石破天惊之笔。近代的弘一法师完全懂得这种意思，所以他的书法名满天下，惜已逝去二十余年了。以张黑女的全碑而论，它也偶有只着重逆左上角之笔势，对于再逆右上角的写法，有些不经意的地方便也省略一些，但是由于它的根柢深了，虽略去右上角用力，仍然遒劲异常，从中便可悟出每字只需着力一两笔，无须笔笔过力，处处过劲，太过狠力反露出剑拔弩张的俗气了，我用这些方法去观察张迁、曹全以及石鼓文，其落笔都时时流露出这种整严并茂的态势。

诚如上面所说的竖的方法是这样，横的方法也是这样——要注意到笔锋的两边，不能只注意一边。这便是所谓均衡的道理。一点一画用力要均衡，一个字的构成，要左右或上下均衡，一幅字的配搭，也同样要讲求均衡。明乎此，对于书法奥妙思过半矣！

我自发现这一奥妙之后，以之衡量自己的字、别人的字、古人的字，都觉趣味盎然，得失互见，了如指掌。我自认为这一认识，是我对书法用笔的重大发现，不惮词费，特以告诉你知！

对于学作诗，是大好事。诗是最精的语言，在一定的格式句子中间，要把内心的蕴结像蚕吐丝一样，把它宣露出来，作为自己怡悦固可，用来寄赠给人尤佳。我们把一张相片给人，只能拍摄我们的外表，无法把内心都拍摄出来，诗词就能把内心的意境巧妙地、优美地宣泄出来，喜怒哀乐之情，发而为声，定有喜怒哀乐之音存乎其间，如在这一时际把它的意境作出诗来，它的音调便能把当时的或喜或怒或哀或乐的感情流露在字句之中，使人读起来便也会跟着它有喜、怒、哀、乐的感觉，所以有一首好的诗，人家读到会跳起来，拍案叫绝，可见诗的魔力最大，能感染人，使人能歌能哭，便是这个道理。

古曰"歌咏言""诗言志"，怎么讲呢，就是要吟咏它，咀嚼它。吟咏它——把一句诗曼声读之，有金石之音，有深长之意，好像嚼橄榄，慢慢回甘，其味无穷，咀嚼它在字句之中到字句之外的意味和含义，使人得到感染、同情。一首诗能耐得吟咏，言有尽而意无穷，把内心的意境忠实地、概括地描绘出来，这便达到"诗言志"的目的了。所以要学诗，先得把诗的作用及其伟力深深地懂得了，便无难事。

关于平仄，这是最简单的问题，只要多读古人的诗，把平平仄仄的规律摸到，就懂得哪些是平声字、仄声字，哪些是可平可仄的字。如果普通话读来不能解决，可用方言读之。这样能熟读几十首诗，便自然地把平仄规律掌握住了。能把毛主席的诗词全都读熟，也同样能收功效。方言如我们的文亨话或厦门话都十分准确地分清平上去入，即全国其他方言也都是这样。偶有几个字，有的方言读上声，有的读去声而已，对于分平仄是毫无问题的。谚曰："熟读唐诗三百首，不会吟诗也会吟。"你如学诗，可先把《唐诗三百首》读它一遍，自然便会心有所得了。学作诗，要先在内心酝酿，待内心鼓荡得有几分意思才下笔。学作诗不要怕丑，不要怕不成章，有一句两句也好，写后有空时把它再改再续，慢慢地自然灵感便来了。有的诗一年半年才作成，有的五分钟便好，这是不能勉强的。要同学习书法一样，持之以恒，日子久，便得心应手，越作越有味，此中滋味到时自知。

竹眠椅，据阿煌说你来信已做好，如到，煌会去领，到后再复。

你院医师少，病人多，要认真把工作做好，学字学诗是随时可学的，不能占用工作时间，以消遣娱乐的心情去对付艺术，自不吃苦，才不误事。慎之，慎之！！！

你要的字待暇时另写寄。先此作复，拉杂写来，竟成长函了。

伯父　1969.8.16　夜9时

大眠椅、小竹椅都收到，甚感！

顺此夹去我学诗初期的作品诗话一例，可参阅之。

天气甚热，兹检出近来习字及写给白启谟的废页数纸，夹此邮寄，祈收参考。

17日午又及

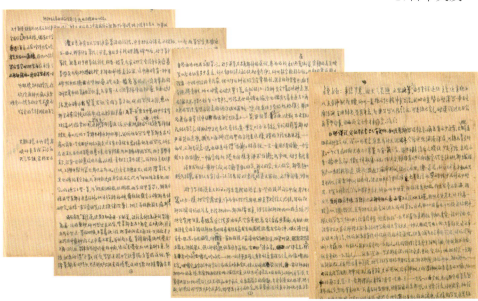

▲ 罗丹写给罗钟的书信原稿

博采众长　自出新意

——罗钟的书法艺术

陈元麟

20世纪70年代初，常到罗丹先生府上聆听教诲。老人曾经多次提起，他有个在永安工作的侄儿，天资聪慧，学他的字体，几可乱真。大约20年后，我才认识了这位令罗老引以为豪的"罗丹体传人"罗钟先生。此后十数年间，由于工作关系，时有接触，渐渐了解他的为人治学，发现其情也拳拳，其志也孜孜，诚谦谦君子也。

罗钟自幼常跟随伯父身边，每当伯父挥毫之际，他总是在一旁展纸研墨，并悉心揣摩伯父的运笔落墨，过后反复临摹、揣摩。由于聪明颖悟，再加上耳濡目染、刻苦勤奋，罗钟所写的字获得行家们"深得罗丹体的精髓，形神兼备"的评价。

罗丹先生尽管书名远播海内外，但他从不把自己的艺术成就模式化、凝固化、封闭化。他提倡开放型的学术风气，并不希望学生只学自己的字体。在对侄儿的刻苦钻研和取得进步赞许之余，又鼓励他开拓自己的道路，多次引用齐白石大师的话说："学我者生，似我者死。"

伯父的创新精神给了罗钟深刻的影响。他重新审视了自己的学书道路，认识到，向伯父学书，主要是学习他的方法和创新精神，而不是跟随其后亦步亦趋，"随人作计终后人，自成一家始逼真"。他想和伯父拉开距离，力求走出属于自己的一条路。

罗钟很欣赏一句话："有功无性，神采不生；有性无功，神采不实。"人的素养和基本功同等重要，从某种意义上来说，素养的修炼比基本功的训练来得深沉和艰难。"神采为上，形质次之""先观天真，后观笔墨"，正如古人所云："工夫在诗外。"原本学医后又改从文史工作的罗钟很注重自己性情的培养和才情的熔铸，全面开掘审美主体的艺术潜能。除了随伯父学书法、习诗文外，他爱好广泛，尤对音乐、舞蹈情有独钟，他年轻的时候拉过小提琴，弹过吉他，他的国标舞也跳得很好，曾经得过奖。这些兴趣爱好丰富了他的文化素养，也给他的书法创作带来了灵感，譬如，他就从华尔兹舞中感受到行云流水的韵律，从探戈舞中体会了阳刚雄强的节奏，并运用到书法当中。

他意识到，风格独特的罗丹体的形成是博采众长、融会贯通的结果。"转益多师是我师"，在伯父以及伯父的好友潘主兰、虞愚等书法前辈的指导下，他广泛研习隶魏草行各体，隶书潜心于多种汉碑，于张迁、衡方、石门颂、曹全致力最勤，努力熔诸碑于一炉，并掺入篆书和汉简之意趣，饶有金石韵味；草书则宗王羲之，兼涉怀素、孙过庭、吴镇等，还融入弘一法师之恬淡和于右任之凝练；魏书攻张猛龙、郑文公、二爨，尤喜嵩高灵，所作古朴沉厚又洒脱宕逸。

清人刘熙载云："观人书法，莫如观其行草。"书法是抒发情感的一门艺术，阜书是最能体现书者个性的书体，是最能体现中国书法精神的一种书体，当然也是最难驾驭的一种书体。

为了使自己的书法更具个性，多年来，罗钟一直致力于左笔草书的探索。他认为，"草书创作应多些感性的发挥，少些理性的羁绊。右手过于熟易流滑产生习气而堕俗格，左手虽生，但顺乎自然，故无矫揉造作之媚态，能达返璞归真的效果，而且左笔取逆势，易得中锋，任心腕之交应，常能新意自出"。

近几年来，他又浸淫于狂草的探研，对历代狂草大家，如张芝、张旭、怀素、黄庭坚、王铎等无不潜心临摹，书风也为之一变。观其近作，用笔更加生辣，结体更为随机，墨色更多变化，行气更趋跌宕，意趣更臻丰厚，即使是书写罗丹体，也力图有新的面目，摒弃棱角过于峻厉的痕迹，逐步趋向圆融畅达的新境界。由此可以看出他努力摆脱罗丹体的束缚，构建自己个人风格的强烈愿望。

虞愚先生曾经这样评价罗钟："作书有天才，取法乎碑帖，他日定当大成。"20多年过去了，罗钟没有辜负长辈的厚望，其作品多次参加省、全国以及对外交流展并获奖，作品流传于港、澳、台地区和新加坡、菲律宾、日本等国家，中央电视台和海内外多家媒体对其书艺做过报道。

星移斗转，当年年轻的罗钟如今也已步入花甲之年，他的心态也更趋平和，以这种心态学书，相信他的书法创作一定会进入一个更高的境界。

2004年4月12日于心远斋

作者系福建省作协原副主席、厦门市文联原副主席、厦门市作协原主席

功性兼修　德艺双馨

——浅论罗钟的艺术人生暨书法艺术

罗　辉

　　罗钟是与新中国一同成长起来的中国书法家协会会员，但其有着与同辈书家不尽相同的人生经历和独特的大家风范，纵观其高古浑穆、华滋厚重、简约飘逸的书法风格，寻绎其宏阔博纳、碑帖互见、功性兼修的学书道路，晤对其蔼然谦和、不卑不亢、诲人不倦的为人品德，无不让人仰慕、钦敬和感佩。长期以来，就如何更加准确地概括罗钟的艺术人生及其书法艺术所呈现的涉猎广度、承袭深度、技术高度和情感浓度，我在不断尝试，在已有两篇探问文字的基础上，本文试图再次进行归纳，不妨算作一次探赜索隐之旅。

师承与交游：转益多师，视野开阔

　　在罗钟70余年的艺术实践中，其交游之广，师承之博，视野之阔，确实有其得天独厚的优势，为常人所不及。

　　一是独特的家庭环境。罗钟出生时，家里拥有创办于1930年的风行印刷社，经过10余年的精心经营，印刷社已在厦门有相当影响，因而童年时的罗钟堪称衣食无忧。在2岁半时，罗钟被过继给其伯父、著名书法家罗丹，一度与伯父母在福州三坊七巷的官禄坊居住，近5岁时回到厦门，入读厦门竹树脚礼拜堂幼稚园。因为教堂有唱诗会和音乐会，从小便养成了罗钟对音乐的浓厚兴趣和终生爱好。同时，因为跟随伯父抻纸研墨，耳濡目染，不仅在罗钟幼小的心灵里播下书法艺术的种子，而且还激发出其书法艺术和诗词等方面的天赋与敏感，赢得了罗丹先生的格外疼爱和刻意培养。笔者曾见罗丹先生在1969年8月16日夜写给罗钟的一封长达3000余字的信件，重点内容涉及书法、作诗等，讲解书法笔法时极为详尽，图文并茂，足见其拳拳之心。罗钟在罗丹等先生的精心教导下，从柳公权到颜真卿，做实了"童子功"。后又师法《张迁碑》、罗丹体等，积极进取，勇毅前行。20世纪70年代，罗丹便经常与人夸耀"我永安有个侄儿书法写得很好"。

二是良好的教育环境。童年、少年时期，罗钟在厦门雅化小学上学。厦门雅化小学历史悠久，素以教学优质著称，也十分重视艺术教育，业余教育设有音乐、美术等活动，对中国书法等传统文化也十分推崇。据说当时该校校长便是厦门中小学校长书法比赛第一名的获得者，罗钟所在的班级由厦门市最好的书法老师负责教习柳公权《玄秘塔碑》等课程。学校浓厚艺术氛围的熏陶，使生性喜爱文艺的罗钟有了施展才华的天地，也开掘、滋养了罗钟身上的艺术才能，于是，罗钟的书法经常获得全校第一名，成为学校当时的黑板报"专业户"。

三是稳定的工作环境。罗钟因家庭成分、羸弱体质和家人的影响，初中毕业后即考上设在鼓浪屿的厦门卫生学校医士科（四年制）。鼓浪屿素有琴岛之称，20世纪60年代前期还保持着民国时期的风尚。鼓浪屿随处都有钢琴声，悠扬悦耳，家庭音乐会的举办也很普遍，街头也时有艺人演出。大概因此，罗钟在校四年间，不仅认真学习医学，而且受同学和环境的影响，将一大部分的业余时间用于音乐的学习，小提琴、吉他成为罗钟的心爱之物。20岁毕业时，他被分配至永安县贡川镇卫生院任全科医生。贡川是闽中一座历史文化名镇，这里有明代城墙、会清桥、临水宫、陈氏大宗祠等文化遗存。罗钟在贡川一待就是17年，千年古镇的文化底蕴和乡间行医的工作阅历，深刻地影响着其对乡村文化的认识和乡村疾苦的体会，也锻炼了其强健体魄和顽强毅力。工作的逐步稳定和工作环境的有效改善，为罗钟学习书法和诗词提供了更加便利的条件。37岁时，罗钟调到永安县卫生防疫站工作，永安撤县建市后，又调职永安市政协文史委。80年代，他一手创办了永安县书法美术协会和燕江诗社，参与三明书画院和三明市麒麟诗社的创建，分别任院委和常务理事。1988年，三明市书法家协会成立时，他更以书法成就和文化声望就任副主席，为其交流书法和游艺名家间奠定了良好条件，如接待了著名军旅书法大家、后任中国书协副主席的李铎，中国书法家协会副秘书长张虎等书界大家。

四是与省内外书法名家交游频繁。缘于伯父罗丹的影响和引荐，罗钟长期与福州潘主兰、北京虞愚等先生过从甚密，深得前辈的赏识和奖掖，潘主兰对罗钟的诗词、书法创作进行指导，还将罗丹写给他的信件送给罗钟留念。虞愚赞许罗钟"作书有天才，取法乎碑帖，他日定当大成"；他与林健、石开、余纲、林岑等交往甚亲，尤得侪辈认可推崇，石开先生曾在罗钟一长卷上题跋："钟兄乡友十数年未晤，今春梨花时节，忽相见于京城，欣喜何似。"

五是前往京城游艺。1991年，罗钟调到厦门市政协文史委工作，许多文字作品在《文史资料选辑》《福建乡土》等杂志上刊登，但他对书法艺术依然追求不懈，以《嵩高灵庙碑》魏体行书横空出世，日渐成熟。2007年，对于罗钟而言，是一个十分重要的年份，他应福州大学厦门工艺美术学院教授、中国美术家协会会员许文厚的邀请，前往北京就任北京当代弘文画院副院长，从此定居北京8年多。其间，他参与了许多在京社团的组织和活动，先后任职中国老年书画研究会艺委会书法委员会委员、中国老年报书画院名誉院长、中国扇子艺术学会艺委会副主任、中国文化遗产保护研究院书画院顾问、北京晚晴诗社副社长，影响不断扩大，特别是通过《中国书法》《书法》《中国书画》《书法报》《书法导报》《中国书画报》多种专业刊物的专题介绍和《北京晚报》《北京晨报》《北京商报》对其艺术成就的评介推送以及多种杂志刊物作为封面人物的介绍，既赢得了书法界同人的普遍认可，又为社会各界所广泛接受。北京师范大学书法系主任邓宝剑教授在一次与罗钟一道评审书法比赛时相识，在看了《罗钟书法作品集》后，于2012年邀请罗钟到京师美术馆举办展览。人民大会堂、全国人大机关办公楼等机构专门约请罗钟前去创作并收藏其作品。在京期间，罗钟还经常参加笔会活动，如与在京闽籍书画名家范迪安、徐里、林容生等雅集，切磋交流，其书艺成就和艺术素养深受好评。

罗钟在2014年《书法家罗丹的书外缘分——论罗丹体的艺术特色及成因》的讲座中说："要了解一个书法家的书法作品，必不可少的一个环节就是了解书法家的性情和爱好，了解他一生的经历，才能从中深入体会和欣赏书法的美。"纵观罗钟的学书经历，家学尤其是其伯父罗丹、首届中国书法兰亭奖"终身成就奖"获得者潘主兰、中国社科院虞愚教授的亲炙，为其获得了一条继承优秀传统文化的门径，奠定了其进入书法艺术殿堂和诗文领地的基本功夫和坚实基础。同时，由于罗钟交游广泛，艺术视野得以不断拓展，艺术人生得以不断丰富，艺术成就得以不断提升，进一步促进了其对艺术规律的深刻理解，对艺术灵感的多样捕捉，对艺术生活的真挚热爱。

敬业与修养：素养全面，书学精到

美学家宗白华曾说："中国书法是一种艺术，能表现人格，创造意境。和其他艺术一样，尤接近于音乐的、舞蹈的、建筑的构象美（和绘画、雕塑的具象美相对）。中国乐教衰落，建筑单调，书法成了表现各时代精神的中心艺术。"著名书法理论家熊秉明曾提出"书法艺术是中国文化核心的核心"的著名论断，因而要真正进入书法艺术的灵庙，道路十分艰难而遥远。只有具备澄明宁静的胸襟、深切关怀的情感、矫健耐劳的步履和忍耐寂寞的心性的人才能走到那片神圣的净土。

走近罗钟的艺术人生，纵观罗钟的书艺成就，我们不难触及罗钟所怀揣的对书法艺术的虔诚与执着，并已卓然成为德艺双馨的书法大家，与其主动对接中华文明滋养，主动秉持民族文化传承，主动接纳西方高雅文化濡染是休戚相关、密不可分的。因而，只要有幸与罗钟近距离相处，我们在感觉其身上性情温和、儒雅谨和一面的同时，又能见出其激荡飞扬、浪漫充盈的一面。究其根源，那就是罗钟身上既有传统文化的深刻烙印，又有西方缪斯女神的不断追随。

罗钟早年在厦门已经打下良好的书法和音乐等艺术底子，青少年时期除了系统学习医学之外，主要精力均在书法与文学（尤其是诗词）的学习和创作上，这些都为其在壮年时从事文史整理工作做足了准备。中年后，他还潜心于国标舞蹈，在华尔兹舞中感受行云流水的韵律，在探戈舞中体会阳刚强劲的节奏，并得心应手运用到书法创作上。罗钟古典文学功底深厚，其创作的近体诗、对联，或畅游抒怀，或咏物明志，或议论时政，如七律《六十抒怀》、七绝《咏寿山石章》、楹联纪念郑成功收复台湾340周年等，无不充分证明其艺术天分之高踔、艺术涉猎之广博、艺术修养之全面。

当然，我们必须更加关注罗钟在书法理论上的修炼涵养和独到心得。概括起来，大致有以下方面：

一是关于书法"神采"论。南朝书法家王僧虔在《笔意赞》中说："书之妙道，神采为上，形质次之，兼之者方可绍于古人。"罗钟认为，王僧虔的这段话道出了书法艺术的精义，也说明了书法鉴赏的精髓，并强调了以形写神、形神兼备的书法审美观念。而明朝祝允明"有功无性，神采不生；有性无功，神采不实"的论断，恰好阐释了如何做到"神采""形质"相互作用和彼此彰显，为我们指明了一条通往书法艺术殿堂的切实路径。

二是关于如何理解傅山的"四宁四毋"。傅山为晚明一代特立独行的书法大家，在创作上他崇尚张瑞图、黄道周、倪元璐、王铎等变革书风，特别是清入关后，作为前朝遗民的傅山以"作字先作人，人奇字自古"为原则，更加重视人格、崇尚古朴、追求天然，以之构筑了傅山书学主张的重要精神，"宁拙毋巧，宁丑毋媚，宁支离毋轻滑，宁直率毋安排"就是其书学主张的核心内涵。罗钟认为，"宁拙毋巧"，讲的是"大巧若拙，大智若愚"，宛如熊猫抱球般笨拙而可爱，猴子抱球般灵巧而熟练，过于灵巧容易引发审美疲劳。"宁丑毋媚"，讲的是要注重内在美，而不是表面漂亮，内心粗俗不堪。"宁支离毋轻滑"，是指笔法要有沉着的毛刺感，要涩劲而不油滑。正如蔡邕在《九势》中所言："涩势，在于紧驶战行之法。"其关键在于运用颤笔，须一波三折，不上下颤动却能在行进中颤动，恰到好处地表现笔法无程式规律却有快慢节奏的变化，如逆水行舟，如收拳在手，如老牛拉犁，如"锥画沙""折钗股""屋漏痕"。"宁直率毋安排"，是指不论是结字还是章法，都要追求率性自然之美，不扭捏造作，强调水到渠成、瓜熟蒂落，凭修养追自然之境界。现在不少人只注重形式感，就是过于安排的表现。

三是关于书法传统与创新。习近平总书记在中国文联十一大、中国作协十大开幕式上的讲话中指出："博大精深的中华文明是中华民族独特的精神标识，是当代中国文艺的根基，也是文艺创新的宝藏。"罗钟先生认为，好的书法作品，要有"古意"，且要有时代精神。书法是汉字文化最具特征的艺术。一位书法的研习者，必须对博大精深的传统文化有一定的认知和修养，才能领略书法丰富的精神内涵和奇妙的艺术境界。书法作为一门艺术，技法也是极为重要的。中国的传统书法艺术，历时数千年，名家辈出，流派纷呈，佳作如林。认真继承传统，是书法界当务之急，也是每一位真正的书法家不能回避的。当然，"笔墨当随时代"，但当代书法家往往乐此不疲地游弋于激情创作中，寻找生命的意趣、生活的情趣、艺术的灵性，甚至出现了非书法的表现，确实让人不能接受。罗钟认为，书法作品既要传承中华民族的文化和人文精神，又要体现当代书法家对现实人生的美好愿望，只有这样，才有可能锻铸出"老拳抟古道，儿口嚼新书"（金圣叹）的时代佳作。罗钟有联"临池尊古韵，创意发新声"，正是正确处理书法传统与创新关系的最好诠释。

罗钟在书法理论上的认知高度统一于其丰富的创作实践，可谓是"功性兼修、知行合一"的代表性书家，其既注重书法作品的传统品质，又强调彰显时代精神的理论认知，正是培根铸魂、守正创新、创造性转化、创新性发展理论在书法上的具体运用和成功实践。

向古与创变：既成传人，独树一帜

每当面对罗钟先生的书作，不论是一向为世人所熟知的隶书，抑或是素有家体美名的罗丹体行书，还是魏碑行书和巨幅大草，无不呈现与众不同的夺人风采。那幅式间充盈着的强烈视觉冲击力与字里行间荡漾着的浓厚书卷气和庙堂气，总是让人沉浸在一种或庄严或飘逸或洒脱或萧散的意境之中。综观罗钟先生在书法艺术领域所取得的成就，我以为最为突出者有三个方面，不妨举要。

一是隶书。罗钟的隶书因深受"闽南书法重镇"罗丹的影响，从汉代名碑《张迁碑》入手，不仅探得汉隶之本源，而且深得高古浑朴之气息。难能可贵的是罗钟没有就此停步，而是继续将其步伐延及《曹全碑》、《乙瑛碑》、《石门颂》、简帛书等广泛领域，上追下探，不断镕铸，逐步达成沉雄郁勃而又凝练多姿的笔法、严整紧密而又气势开张的字法、既具《张迁碑》之整饬又呈《石门颂》之浪漫并融合汉简之生趣的章法，共同营造了一个既浑朴拙厚、高古绝俗又生动活泼、大气磅礴的高贵气质和浑然意境。当代隶书崇尚情趣和自然书写，与传统隶书强调法度规范、蚕头雁尾的华饰风格不同，这对书法家融通求变能力无疑是一种考验。当然，当代丰富的取法范本也为书法人在向古的同时，提供更多创新的可能。罗钟隶书创变正是在汉隶的基础上，熔篆书、魏碑、简书为一炉，古朴中见轻盈，凝重里见畅达。王瑞文称赞罗钟隶书"以意为高，尚趣、尚朴、尚拙，去雕去饰、去巧去媚，陶化在心而应之于手，一任自然"，所论允当。记得20多年前，我在首次评论罗钟的隶书作品时已断言："可以想见罗钟先生在汉代名碑上所做功夫之深，绝非浅尝辄止之辈所可及，其高迈超群的风格所呈现出来的审美价值，在当代书坛堪称独树一帜。"现在验证，依然不虚。

二是魏体行书。中国书法自清以降，因受考据之学影响和对日渐靡弱书风的反动，自桂馥始，不断营造尊碑抑帖氛围，至阮元、包世臣已成气候，再至康有为已然风尚；在创作实践上，前期有邓石如、伊秉绶，中晚期有"魏体行书的开创者，也是碑帖融合的奠基人"赵之谦等渐成火候，后有康有为、沈曾植、于右任等大家的实践成果，无疑为罗丹成就融冶魏、隶、楷、行、草于一体的罗丹体提供了理论依据和实践范本。罗钟的魏体行书肇基于罗丹，决定了其书法取向沿着魏碑一路求新创变，并以碑帖糅合的方式不断寻找自我强烈的实践支撑点，且造就了其鲜明的个人风格。他的魏体行书有两类：一类为罗丹体。罗钟秉承罗丹体衣钵，堪称形神兼备，不仅凸显了罗丹体的独特魅力，而且有效克服了罗丹体过于峻厉甚至有些粗野的线条，进入圆融畅达的新境界。著名书法篆刻家石开曾评价罗钟："钟兄继吾闽罗丹先生书学，尤擅碑体，致力汉隶及魏楷，得罗丹笔法之真传。"罗钟也因此被称为"罗丹体传人"。另一类取法于《嵩高灵庙碑》。被康有为称为"奇古"的《嵩高灵庙碑》，也许是契合了罗钟已在"两爨"上用足了功夫的性情，或是赵之谦、康有为、沈曾植、于右任、罗丹诸先生的碑体行书给予的启迪，它是那么自然地成为罗钟进入中年之后的主攻方向，并以生辣用笔、随机结体、跌宕行气和丰赡意趣，形成了完全不同于罗丹体、也差异于其他魏碑行书大家的风貌与格调，其视觉冲击力之强烈与庙堂气之浓厚，令人匪夷所思，深感震撼。为此，我在2014年便称之为罗钟体。

三是草书。草书是罗钟性情和才华得以挥洒的重要载体，也是其"眼里有神，腕下如神"的客观明证。罗钟的草书也可分两类：一类为小草，取法智永、怀素及于右任。用笔凝练厚重，结字中规入矩，章法空灵简淡，气息与虞愚、弘一相往来，格调厚而不滞，情境空而不虚。李铎曾评价罗钟左书"古朴雅拙，格韵高绝"。一类为大草，以元人吴镇为基调，上溯张芝、二王、唐宋诸家，于当代林散之处掘进尤多，取精用宏，功性互见，既丰姿绰约、潇洒放逸，又骨力洞达、节制有度，其激情飞扬之气势、练达多变之线条、丰富出彩之墨色，可谓融汇众长又自出机杼，贴近时代又格调超迈。为追寻与强化草书的厚拙之趣，罗钟以左手作草。书史上，以左笔书名家者虽不多见，但也有以此卓荦名世者，如扬州八怪之一高凤翰，右手病废后，代以左手作书，苍劲老辣；现代费新我，以左笔行书名世。当然，高凤翰、费新我之用左手书写，是出于右手病废后的无奈之举，罗钟先生之用左手作草则属自我选择和审美意趣追寻。他认为，"草书创作应多些感性的发挥，少些理性的羁绊。右手过于熟易流滑产生习气而堕俗格，左手虽生，但顺乎自然，故无矫揉造作之媚态，能达到稚拙厚朴、返璞归真的效果，而且左笔取逆势，易得中锋，任心腕之交应，常能新意自出，但是左笔非人人可以为之，这是个人的手性使然"。观其草书之作，竟然看不出是出于左笔，不得不叹为观止。

"高怀同物理，雅量恰春风。""春风大雅能容物，秋水文章不染尘。"罗钟总是喜欢书写这样的句子，足见其高蹈情怀、宽阔胸襟和纵逸心态。在与恩师罗钟亦师亦友相处的近40年间，总感觉他那对中华文明、高雅文化和书画艺术的崇敬、秉承和光大的严肃态度和优雅姿态，确实是让人望尘莫及。罗钟在与学生相处时，从不以老师自居，但其循循善诱、诲人不倦的平易言行和不论长幼、民胞物与的亲和形象，始终予人以如沐春风之感。因此，罗钟先生在我眼里不仅是一位在书法追求上"功性兼修"的坚定实践者，一位在个人修为上"德艺双馨"的优秀艺术家，而且还是一位在文化传承上"润物无声"的良师益友，一位在为人处世上"仰之弥高"的蔼蔼长者。

作者系中国书法家协会会员、中国文艺评论家协会会员、中国民间文艺家协会会员

转益多师是吾师

——评罗钟书法艺术

姜寿田

　　罗钟书法得自家学，其伯父罗丹为现代闽南书法的重要代表人物。受其伯父影响，罗钟早年即从罗丹习书，积心翰墨，并深得罗丹赏识。罗钟的字得其伯父罗丹衣钵，形神具备。如果仅从传续家学而言，罗丹书法无疑在罗钟手里得到了很好的承传，但罗丹老人并非保守之士，他不希望学生囿于门户，只学自己的字，对罗钟他也如此期许，并以齐白石的名言"学我者生，似我者死"启之。

　　罗钟的书法肇基于罗丹书艺，但他在谋求深入传统的同时，却希冀求新求变与多元探索。他以隶书为生发点，发挥其书固有的金石气优长，结合并多方研味《石门颂》《衡方碑》《张迁碑》《曹全碑》《嵩高灵庙碑》《张猛龙碑》《爨宝子碑》《爨龙颜碑》等汉隶、魏碑经典与简帛书。同时，他关注书法新潮，形成拙厚自然而又别具新意的个性化隶书面目。当代隶书崇尚情趣和自然书写，与传统隶书强调法度规范、雄峻方整、夸张蚕头雁尾的华饰风格不同，这便要求书法家要有融通求变的能力，同时也要求多方位地认识传统。罗钟隶书的创变正是在传统隶书的基础上，融合篆书、魏碑、简书的结果。其隶书以意为高，尚趣、尚朴、尚拙，去雕去饰、去巧去媚，陶化在心而应之于手，一任自然。罗钟隶书的"句眼"在隶书的魏碑意趣，多变态，多奇趣，如在这方面再加以研味拓化，混沌无象，则将更臻至新的意境。

　　于隶书外，罗钟亦擅草书。他的草书在唐人大草的格局下，取涩势，并撷取现代于右任魏碑行草的简约凝重和弘一法师的空灵恬淡以及林散之草书的超逸萧散。他谋求在草书的放逸与拙厚之间寻找自我的表现空间，而这与他寄心篆隶不无关系，颇能说明这一点的是，为追寻与强化草书的拙厚之趣，他以左手作草。书史上，以左笔书名家者虽不多见，但也有卓荦名世者，如扬州八怪之一的山东人高凤翰，右手病废后，代以左手作书，苍劲老辣；现代费新我，以左书名世。左手写字不合生理习惯但用之可以节制拗救浮滑之弊。当然，高凤翰、费新我之用左手书写，是出于右手病废后的无奈之举，罗钟先生之用左手作草则属于个人的选择和对审美意趣的追寻。他认为，"草书创作，应多些感性的发挥，少些理性的羁绊。右手过于熟易流滑堕俗，左手虽生，但顺乎自然，故无矫揉造作之媚态，能达到返璞归真的效果，而且左笔取逆势，易得中锋，任心腕之交应易生偶然效果，常能新意自出，但是左笔非人人可以为之，这是个人的手性使然"。至于为获拙厚之趣而故意用左手书写是否得法或能否有成效尚值得商讨或有待来日证明。不过，有一点是明确的，罗钟的草书不落俗谛，在奔放的草书势中蕴有一种生拙天矫之趣。如不是从文章中得知罗钟先生以左手作草，真想不到其草书竟是出自左笔，这是否也意味着一种突破和成功呢？

罗钟草书有苍茫意，突出表现在笔法上。这可能与其长期浸淫隶书、魏碑有关，更与其讲究用笔一波三折、不敢轻易滑过的审美情趣关系密切。即便是近年来以率意出之的大草一路，摇曳多姿而不失浑厚，苍茫意跃然。其字法力求随势赋形，墨法或苍老枯劲或五彩纷呈，皆强化苍茫意味，足见罗钟先生功力行藏与性情本真。

在我的印象中，罗钟先生是一位态度蔼然、性情温和的人物，而其书法则别具雄强生拙之势。观其书，想见其为人，这也许是一种内在风骨的流露。

作者系中国书协学术委员会委员、河南省书协学术委员会副主任、《书法导报》副总编

禅诗舞乐书春秋

——访著名书法家罗钟先生

许银锑

2007年伊始，厦门书法家广场落成，罗丹先生的雕像也同时落成。作为罗丹体的创始者，罗丹先生一直被视为福建书法界的宗师。

过去，凡到过厦门和东南亚的人们，在街上都能看到许多商店的招牌，是罗丹先生笔书的，字迹雄浑有力，独成一家。罗丹体传人罗钟是罗丹先生亲侄，自幼常跟随伯父罗丹身边。他从小聪明过人，酷爱书法，常为伯父展纸磨墨，从旁悉心体会罗丹的运笔落墨之妙，过后则反复临摹不辍，学得罗丹体精髓，他所写的字体，形神兼备，几可乱真，深得书法界赞许。

先观天真　后观笔墨

罗钟很欣赏明代书家祝允明的一句话："有功无性，神采不生；有性无功，神采不实。"人的素养和基本功同等重要，从某种意义上来讲，素养的修炼比基本功的训练来得艰难和深沉。"神采为上，形质次之""先观天真，后观笔墨"，正如陆游所说的那样，"工夫在诗外"。

罗钟说，从生到熟易，从熟到生难。此等境界正如从无到有，从有到无。最后的书法，便不再是单单用手去写，而是用一颗空灵的心去点画狼藉，正是：书到生时是熟时。

左手草书　返璞归真

　　罗钟的草书是用左笔，他认为："草书创作，应多些感情的发挥，少些理性的羁绊。右手过熟易流而堕俗，左手虽生，但顺乎自然，故无矫揉造作之媚态，能达到返璞归真的效果，而且左笔取逆势，易得中锋，任心腕之交应易生偶然效果，常能新意自出。"

　　石涛说："一画者，众之本也，万象之根。"林散之一画，画出了当代草圣风貌；怀素一画，画出了"盘钢曲铁""粗细铁线"的传世名作《自叙帖》；孙过庭一画，画出了书论巨著《书谱》；张旭一画，画出了千古风流之作《古诗四帖》……草书一笔能写出世间万象。而罗钟草书之美，或抽象美，或变幻，或挚热……这正是罗钟书法大放异彩的缘故，也是人们热爱草书的根本原因。

音乐是书　舞蹈如是

　　罗钟早年从医，后弃医从文。从文后的罗钟更注重自身性情的修养，在研习书法诗文之外，罗钟兴趣广泛，尤其对音乐、舞蹈情有独钟。他年轻时拉过小提琴、弹过吉他，国标舞也跳得好，曾多次获奖。这些兴趣丰富了他的文化素养，也让他对书法有了许多独特的体会。

　　这位颇具书卷气的书法家认为，书法是一门综合的艺术，必须从其他的姊妹艺术中汲取营养，方能日臻佳境。创作中的罗钟有时喜欢听听音乐，或古典或现代，或舒缓或流畅……不同的音乐风格带来的是书法风格各异，每每能有新的惊喜，此时音乐和书法再分不清，早已浑然一体了。舞蹈作为一门形体艺术，亦深深影响了罗钟的书法。国标舞给罗钟的书法带来了新的力量和面貌，其作品或如华尔兹行云流水，或如探戈刚劲雄浑……但不管怎样，罗钟成功了。

书中有禅　禅中有书

唐代诗人王维以写禅诗闻名，被誉为"诗佛"，他的《竹里馆》中的"深林人不知，明月来相照"就极富禅机与生命的智慧。罗钟有一作品正是以隶书灵动地体现出王维《竹里馆》古朴中见轻盈、凝重中见流畅的特点，那种"行到水穷处，坐看云起时"的境界跃然纸上。

禅是静，是空，是寂，是物我两忘的境界。书法所需要的不就是这样的境界吗？一张纸摊开，开始正式创作的时候，如果顾虑重重，生怕哪个字写坏了，或不如意，影响全篇，影响评奖，越紧张，手也就越不听使唤。这样写出来的字，往往意态做作，倒不如平时随意写来的轻松自然。不能够抛开功名利禄的诱惑，躲不开纷繁世事的困扰，静不下心来，是写不好字的。写字就是写字，要抛开一切杂念，心无二物，正如明代王阳明禅诗所言，"饥来吃饭倦来眠"。苏东坡就曾云："心忘其手手忘笔，笔自落纸非我使。"这正是种极高的书法境界。

古往今来，名垂千古的大书家们的作品，所展现的除了他们高超的书法艺术之外，是否都带有一份禅的感悟呢？

正因如此，禅趣使罗钟的书法在意境格调上与其他的书法家拉开了距离，尤为可贵的是这种禅趣并非故意为之，而是自然流露、绝去伪饰、天真的赤子情怀，这更与某些以居士自居的假道禅书法的矫揉造作、扭捏作态可谓相去霄壤，故称其为"书禅"，一点也不为过。

自诗自书　我书我心

与大多书法家的题词大有不同的是，罗钟的书法内容经常有自己写的诗词，这在目前的书法界是较为难得的。书法的格调、内涵和书家个人的气质、修养、内涵有很大的关系，一幅好的书法作品往往是书法艺术和书家涵养的完美结合。罗钟古典文学的功底深厚，五言、七律、对联等都如鱼得水，其诗词造诣不亚于专事文学的诗人，其诗歌内容或关乎时政，或观画感赋，或畅抒游怀，或咏物明志……别有一番禅意在心头。

隶书第一？ 草书第二？

对于罗钟书法，书法界众说纷纭，或认为隶书第一、草书第二，或认为草书第一、隶书第二。然于罗钟本人，他觉得，草书第一，魏行书第二，且有很大的发展空间。但不管怎样，正如一千个人眼中有一千个哈姆雷特一样，对罗钟书法的种种评价，正说明其书法真、草、隶、篆、行、魏皆有涉及，且非浅尝辄止，而是每种都达到一定的境界和造诣，为人们所称道。

罗钟作品多次参加省、全国以及对外交流展并获奖，作品流传于港、澳、台地区和新加坡、菲律宾、日本等国家，并被许多博物馆、展览馆、纪念馆收藏以及被镌刻在多处碑石上。近年，他又先后在福州、厦门等地举办书法个展，这是历史上首次厦门书法家在福州举办个展。去年5月，罗钟同10余位厦门名家带着65幅作品参加在台北举行的厦门、基隆、高雄"海峡两岸书画交流展"，和台湾的书画爱好者们交流，共襄盛举。

作者系厦门鹭风报社副总编辑

第五辑　附录

大事年表

1944年	10月28日，出生于厦门市大同路216号风行印刷社。
1947年（3岁）	随伯父母罗丹夫妇到福州光禄坊居住，入读幼儿园。
1949年（5岁）	回厦门，与伯父母罗丹夫妇 同住在大同路风行印刷社。入读厦门竹树脚幼儿园。
1950年（6岁）	9月，就读于雅化小学，成绩优异。雅化小学非常重视书法教育，一年级就学书法，临摹、描红，连续六年的学习，打下了童子功。
1956—1960年（12—16岁）	中学阶段，就读于厦门双十中学，初三时因病休学一年。休学期间，阅读了很多中外经典文学作品。
1960年（16岁）	考上厦门卫校医士科(四年制)。
1960—1964年（16—20岁）	就读于厦门卫校（学校在鼓浪屿）。其间，以学习柳公权楷书为主，兼学赵孟頫。在鼓浪屿的三年，他喜爱音乐、小提琴、吉他。
1963—1964年（19—20岁）	卫校学习的最后一年，在永安县铁路医院实习。实习期间，接生了20多个产妇，在外科上过手术台，主刀阑尾炎。
1964年（20岁）	毕业后被分配到永安县贡川镇卫生院。在此工作期间，业余时间除了偶尔拉小提琴、弹吉他之外，都在书法上下功夫，时常拿着毛笔在太阳下用红砖练字。在伯父罗丹的信

件指导下，除了临摹罗丹体之外，还大量临习古代碑帖，有时通宵达旦，勤奋苦练。

1980—1981年
（36—37岁）

永安县政府两次邀请罗丹到永安进行书法创作，政府特意抽调罗钟陪同。

1981年（37岁）

从永安县贡川镇卫生院调到永安县防疫站。

1984年（40岁）

5月，永安县美术书法工作者协会成立，被推选为副会长，主持协会工作。7月，行书对联参加纪念郑和下西洋580周年全国书法篆刻展。永安县撤县设市，为纪念邮封题字。11月，作品入选全国职工业余美术书法摄影作品展览。开始深入研究草书，主要专研于右任、智永、王羲之，因右手受伤，开始用左手书写草书，两手并用。

1984—1990年
（40—46岁）

被推选为第六届、第七届永安市政协委员。

1985年（41岁）

加入中国民主同盟。11月，参加在日本三木市举办的中日友好文化交流书画展，为此，三木市文化联盟会长木多详晃先生寄来了热情洋溢的感谢状。12月，参加中国书法家协会福建分会第一次代表大会，入选为中国书法家协会福建省分会第一批会员（共41人）。

1986年（42岁）

得著名书法家沈鹏题写"罗钟书法展览"。6月，作品入选中国书法家协会福建分会、中国美术家协会福建分会为纪念中国工农红军长征胜利50周年主办的"红军颂"书画展览。对联参加《书法报》首届黄鹤奖评选，获优秀奖。

福建电视台和中央电视台综合频道先后播出节目《传承中国书法艺术》，介绍罗钟书法。《泉州晚报》刊登《云烟居里翰墨香——记罗丹体传人罗钟》。

1987年（43岁）　　元旦，参加福建省十城市职工书法联展，并在笔会上挥毫表演。由永安市防疫站调入永安市政协文史委工作，任文史委员。行书对联参加福建省书协会员作品展。

1989年（45岁）　　5月，草书作品参加由中国书法家协会参与主办的中外草书展览。参与筹备成立三明市书法家协会，被推选为副主席。8月，香港《收藏天地》刊登专题介绍文章《挥毫笔底起云烟——记罗丹体的传人罗钟先生》。10月，被聘为永安市老年学校第一期书法老师。《生活创造》杂志专题介绍《罗钟书法》。

1990年（46岁）　　2月，被选为福建省职工书法协会常务理事。10月，《厦门日报》刊登《妙在似与不似之间——记书法家、罗丹体传人罗钟》。11月，《福建青年》杂志专题介绍《云烟居里翰墨香——记我省书法家罗钟》。

1991年（47岁）　　1月，由永安市政协调入厦门市政协工作，任文史委员；任厦门市书协常务理事。11月，作品入选由民革中央社会服务部和民革福建省委员会主办的纪念辛亥革命80周年全国书画大展。

1992年（48岁）　　7月，作品参加出中国书法家协会、湖南省书法家协会主办的'92怀素书艺研讨会暨草行书作品展，并入编作品集。

1993年（49岁）	加入中国书法家协会。厦门市政协书画室将恢复活动，被推选为秘书长。台湾《闽光》杂志刊登《罗丹体的传人——厦门中年书法家罗钟》。
1994年（50岁）	2月，被聘为《现代书画家》特约记者。3月，被聘为厦门市老年大学书法班教师。《厦门文学》第5期第3版专版介绍罗钟书法作品。8月，作品入编《厦门—香港厦门联谊总会特刊》。11月，加入中国古代怀素书法艺术研究会。
1995年（51岁）	《厦门政协》刊登纪念抗日战争胜利50周年自作联书法。10月，作品入编由河南美术出版社出版的《国际现代书法集》。
1996年（52岁）	6月，作品参加中国书画名家作品大展并入编作品集《翰墨天下》。12月，与妻子郭曼莉参加厦门市"地税杯"首届体育舞蹈锦标赛，获体育舞蹈摩登舞丙组第二名，此后又多次获奖。
1997年（53岁）	《厦门政协》第5期刊登罗钟为歌颂党的十五大自作诗书法。8月，参加厦门市文学艺术界联合会第七次代表大会。
1998年（54岁）	受邀与厦门书画家谢澄光、孙煌、林岑、郑景贤、许文厚、翁铭泉等共赴武夷山采风。
1999年（55岁）	5月，与妻子郭曼莉参加福建省离退休职工"扬帆杯"国标舞交谊舞大赛，获优秀奖。9月，作品入编由福建省书法家协会主编的《福建书法作品集》。11月，加入福建省舞蹈家协会国际标准舞委员会。

2001年（57岁）　　出席厦门大学建校80周年书画家祝贺作品展，自作贺诗书法作品参展并入编作品集。

2002年（58岁）　　9月，作品入编由政协福州市委员会主编的《名家翰墨集萃》。

2003年（59岁）　　诗作《砥东亭》入选由三明市政协文史资料委员会编纂的《三明旅游诗词》。《中国收藏》（书画）专题介绍《柔翰含铁笔》。11月，菲律宾《商报》整版报道《福建省著名书法家罗钟作品选辑》，刊登罗钟挥毫照片和书法作品7幅及介绍文章《功性兼修　德艺双馨》。

2004年（60岁）　　1月，被聘为厦门市老年书画研究会顾问。4月，参加厦门市文联赴龙岩云顶茶园创作团采风。6月，由厦门市文化局、厦门市文联、厦门市政协文史学宣委、民盟厦门市委员会主办的罗钟书法展览在厦门市图书馆展厅举办；草书作品在全国第十三届群星奖美术书法摄影福建选拔赛中获银奖；6月14日，《厦门日报》专题报道《国标高手的飘逸草书》。10月，参加由河南省人民政府外事侨务办公室、河南省文化厅、河南省文联举办的海内外知名书画家作品展，作品入编画册。11月13日，菲律宾《商报》整版专题介绍《福建著名书法家罗钟作品选辑》，刊登9幅作品，介绍文章《博采众长　自出新意——罗钟的书法艺术》由时任厦门市文联副主席陈元麟撰写。

2005年（61岁）　　1月，《罗钟书法集》出版。3月17日，香港《文汇报》专版报道罗丹、罗钟书法，刊登专题文章《罗钟得伯父罗丹真传》。4月，作品参加中韩书画名家作品交流展并入编作品集。作品参加中国书画传播网首届书画名家网络邀请展，并入编作品集。6月，被聘为中韩书画家联谊会理事，作品参加2005年中韩书画名家交流展。由福建省书法家协会、福建省民盟书画学会、福建省诗词学会等单位主办的罗钟书法展览在福州画院举办。为东坪山梅海岭厦门市花园石刻题字，为厦门植物园多处亭子题写匾额和对联。

2006年（62岁）　书写厦门会展中心广场大型石雕《海上生明月》上的余光中诗篇《乡愁》。为矗立于厦门环岛路书法广场的罗丹塑像背面题词。4月，《书法报》彩色版跨版专题报道《罗钟书法艺术》。5月，被聘为青岛金石书画院艺术顾问。作为厦门市书画家代表团成员赴台湾进行书画艺术交流，参加海峡两岸（四地）书画交流展，与台湾书画家广泛接触并参加笔会。8月，被厦门市思明区文体局、厦门市思明区旅游园林局聘为思明区文化旅游交流中心顾问。作品参加中国书画传播网第二届书画名家邀请展，并入编作品集。9月，参加厦门美术书法作品大展。作品入编由中国政协福建省委员会主编的《海峡西岸正春风——福建省政协海云墨会书画作品集》。12月，草书自作诗中堂入编《中国书画传播网第二届书画名家邀请展作品集》。随福建省教师书画代表团赴新加坡办展、交流。

2007年（63岁）　1月，《鹭风报》专题报道《禅诗舞乐书春秋——访著名书法家罗钟先生》并刊登7幅作品。2月，被聘为厦门老年大学书画研究会顾问。2月15日，《中国书画家报》刊登介绍文章《"工夫在诗外"——罗钟的书法艺术》及7幅作品。3月8日，《厦门日报》刊登介绍文章《云烟居里翰墨香——品读罗钟书法作品》。6月，作品入编《"正气歌"全国书画邀请赛暨全国书画名家作品集》。9月，作品入编《当代美术名家作品集》。12月，作品入编由长征出版社主编的《军魂颂》，纪念中国人民解放军成立80周年。国家级艺术类核心期刊《中国书画》增刊2个版面专题介绍《罗钟作品选》4幅作品。《书法》杂志3版专题介绍《"功性兼修"的坚定实践者——试述书法家罗钟先生其人其书》，另，封三也刊登作品。

2008年（64岁）　1月，作品入编由红旗出版社主编的《奥运之歌：中国书法名家作品手迹》。4月，永安电视台《走遍燕城》播出《罗钟：功性兼修写春秋》。6月28日至30日，在北京荣宝斋精品画廊举办个展。7月，对联作品入编由中国文联出版社出版发行的《名联颂中华：名人文化篇》。8月，在"中外女画家·奇特乐5·12地震灾后重建特别行动"书画笔会上为合作国画《傲霜》题字；8月7日，《北京晚报》刊登其自作诗书法《北京奥运感赋》。9月，心经书法作品入选由中国文史出版社出版的《禅心慧语：中国当代书家墨宝真迹》；《北京晨报》"艺术典藏"专题介绍《自成一家始逼真》。10月，参加由人民政协报社主办的民族团结颂——中国当代优秀书画家作品邀请展，作品入编作品集。11月，荣获中国改革开放30年"德艺双馨"杰出文艺贡献奖。《中国书法》第4期专题报道《转益多师是吾师——福评罗钟书法艺术》，由著名书法评论家姜寿田撰文。

2009年（65岁）　1月，上海《远东经济画报》杂志专题介绍《罗钟：宁拙勿巧》。3月，《中外画刊》刊登《罗钟书法艺术——功性兼修的坚定实践者》。4月，参加北京丁香笔会。6月，参加由河南省文化厅指导的庆祝建国60周年——全国百名书法名家精品展，作品入编画册；《北京商报》半版专题报道《罗钟：左右分书　功性兼修》。7月，参加第十届中国·呼和浩特昭君文化节系列活动——第十二届当代书画家作品邀请展评委工作，作品受邀参展并入编作品集。为福建省公安民警书法骨干培训班开设讲座《书法审美》。北京中嘉国际拍卖罗丹体作品冯梦龙句，以52000元落槌。

2010年（66岁）　　加入中华诗词学会。1月，在"时代楷模——共和国经济建设杰出贡献人物"活动中，被评为书画艺术金奖。作品《菜根谭》被中国艺术文化普及促进会专业人才管理发展中心收藏。3月，参加北京市朝阳区委区政府在国家体育馆举办的"祖国颂"千人笔会活动，作品入编作品集。4月，作品参加首届"根在河洛"全国书画邀请展，并入编作品集。5月，作品被"全球华人笔墨丹青迎世博"活动收藏。6月，作品参加北京市朝阳区庆祝中国共产党成立90周年书画摄影精品展。9月，《中国书画》创刊8周年纪念专辑《点击实力》栏目刊登罗钟介绍和6幅作品。应人民大会堂邀请，到人民大会堂书画室创作苏东坡词《念奴娇·赤壁怀古》丈二巨作。多幅作品刻于武夷山青竹碑林。

2011年（67岁）　　1月，作品《王维诗　辋川闲居赠裴秀才迪》被全国人大机关办公楼收藏，并悬挂在全国人大机关办公楼。3月，被聘为《中国老年报》书画院名誉副院长。5月，作品刻于红军长征扎西碑林。6月，参加"中国西游文化之乡"

全国书画名家艺术采风邀请展。7月1日，《北京晚报》刊登罗钟为庆贺中国共产党90周年华诞所撰诗并书作品。9月，《中国书画》增刊《收藏与投资》栏目《艺术典藏》刊登7幅作品；《中国书画家报》刊登《罗钟书法作品欣赏》。10月，作品参加由马来西亚吉隆坡陈氏书院和亚洲文化艺术馆主办的"马中文化周"展览并被收藏。12月，参加在北京举办的第三届国际文化产业发展论坛暨世界华人华侨精英（北京）峰会并上台赠送作品。在北京琉璃厂汲古斋开设罗钟作品专卖店。随厦门市民盟书画代表团到兰亭交流访问。

2012年（68岁）　　3月，作品入编《中南海胜迹诗联书法集》。9月，参加由全国政协报举办的"金光祥瑞"——当代中国书法百家作品邀请展，作品入编作品集。作品捐赠给中华社会救助基金会的公益项目活动；9月20日，《中国书画家报》全版专题报道，并预告罗钟书法展览将在北京师范大学京师美术馆举办。《赤子》杂志专题介绍《静思巧想　彰显笔墨精神——访著名书法家罗钟先生》。10月，参加艺术巨匠——徐悲鸿真迹展暨国际美术作品展。12月，作品参加庆祝郑成功收复台湾350周年暨郑成功纪念馆建馆50周年国际书法展并被收藏，入编画册。12月，《中华国粹》栏目《书坛十家》专题报道《"功性兼修"的坚定实践者——试述书法家罗钟先生其人其书》并刊登8幅作品。

2013年（69岁）　　5月，被中国文化遗产保护研究院书画艺术院聘为顾问。6月，参加第三届海峡客家风情节书画作品展。12月13日，《中国楹联报》专版介绍罗钟书法艺术，以罗钟自撰联"临池尊古韵　创意发新声"为题。

2014年（70岁）　　为杏林市民广场刻石题字"法治文化苑"。2月，被聘为厦门民盟美术院顾问。5月，作品参加在纽约孔子大厦举办的庆祝中美建交35周年中国书画作品展。作品参加中国老年书画研究会艺委会首届书画优秀作品展，并入编作品集。6月，被特聘为三明学院书法研究所研究员。作品参加三明学院书法研究所全国书法名家邀请展并入编作品集。9月，参加由中国人力资源和社会保障部、中国人才研究会书画人才专业委员会举办的中国书画人才发展研讨会。12月14日，在厦门文艺大讲堂做书法讲座《书法家罗丹的书外缘分——论罗丹体的艺术特色及成因》。

2015年（71岁）　　1月，《华夏艺术》期刊刊出《全国实力派艺术家罗钟书法专刊》。3月13日，《厦门晚报》专版报道《写诗跳舞促灵感　临摹练字一辈子》。作品参加"中国韵"——庆中新建交25周年艺术作品展览。8月27日，《海峡生活报》专题报道《"书"香四代，罗氏家庭笔会》。

2016年（72岁）　　3月，被聘为厦门市老干部书画社顾问。为中国宋庆龄基金会培训交流中心举办当代书画名家助力贫困留守儿童公益展捐赠作品。9月，被聘为连城县老年书画艺术协会顾问。10月，作品叶剑英诗《八十抒怀》参加由政协厦门市委员会办公厅主办的庆祝中国共产党成立95周年书画影作品展。12月，到淮安参加"名城墨韵"——江苏淮安·厦门思明书法作品联展。

2017年（73岁）　　6月，参加"我心中的金砖会晤"——厦门市离退休干部书画作品展。7月，被聘为连城县政协文川墨会顾问。作品参加"坚定信念、廉政先行"——福建省喜迎十九大廉政楹联暨家规家训书法展。8月，作品参加第十八届中日兰亭书法交流展；天津人民美术出版社《艺术世界》以"中国当代美术名家展示29"为题刊登"封面人物罗钟"，内页刊登艺术简介、16幅作品。作品参加由中国老龄事业发展基金会主办的当代艺术名家救助贫困老人公益捐赠活动。9月，作品参加福建省政协喜迎十九大书画作品展。《翰墨典藏》刊登"封面人物罗钟"及16幅书法作品。参加"福颂金秋　守望兰亭"喜迎十九大诗书画印邀请展，作品入编作品集。

2018年（74岁）　　4月，被聘为厦门市姓氏源流研究会罗氏委员会顾问。作品王安石诗《登飞来峰》被厦门市鸿山书院、厦门市鸿山慈善会收藏使用。6月，参加由福建省政协、厦门市政协联合举办的庆祝改革开放40周年书画摄影展。《海峡商业》专题报道《四代登临翰墨堂　鹭岛罗氏美名扬》。10月，自作诗书法《颂改革开放缅怀邓公》参加"我看改革开放40年"——厦门市离退休干部书画作品展。

2019年（75岁）　　5月，被聘为民盟中央美术院厦门分院顾问。6月，为中华少年儿童慈善救助基金会"让爱回家"中国书画名家助力贫困留守儿童公益活动捐赠作品。7月，参加"满园春色"——福清思明诏安庆祝新中国成立70周年美术书法作品联展。8月，作品《杜少陵拜孔庙诗词》参加由厦门市关心下一代工作委员会主办的第七届海峡两岸老少书画摄影作品交流展。9月，作品参加由中国政协厦门市委员会主办的"光辉七十年　逐梦新时代"——庆祝人民政协成立70周年书画展，并入编作品集。10月，被聘为厦门老年大学书画院顾问。11月，被聘为厦门日报社文联书画艺术顾问；作品应邀参加由福建省书法家协会主办的福建省诗书画印作品邀请展。12月，作品参加由福建省委老干部局、福建省文化和旅游厅、福建省新闻出版局主办的"新时代新征程"——福建省老干部纪念改革开放40周年书画诗影作品巡回展。

2020年（76岁）　被聘为厦门市人大书画院首届顾问。1月，作品被厦门人民会堂收藏并陈列。10月，作品参加由厦门市委组织部主办的"我看脱贫攻坚新成就"书画展。12月，作品入编由天津人民美术出版社出版发行的《丹青追梦·水墨本色——中国当代书画名家鉴赏大典作品集》；两幅作品参加由厦门人大办公厅和文联主办的"高颜值厦门"书画展。自撰诗书法作品入选"永远跟党走"——厦门人大庆祝中国共产党成立100周年书画展。

2021年（77岁）　7月，3幅作品参加由政协厦门市委员会与福建省政协书画院主办的庆祝中国共产党成立100周年书画展；为中国老龄事业发展基金会"善行天下"慈善公益活动捐赠作品；自作诗中堂入选《庆祝中国共产党成立一百周年全球华人书法大展优秀作品集》。作品入选由福建省人大常委会办公厅主办的"伟大征程　人民至上"——庆祝中国共产党百年华诞书画展。